中国人民银行
金融服务报告2022年第1期
Financial Service Report of the People's Bank of China,
No.1, 2022

中国支付体系发展报告
China Payment System Development Report

2021

中国人民银行支付结算司
Payment and Settlement Department
of the People's Bank of China

中国金融出版社
CHINA FINANCIAL PUBLISHING HOUSE

责任编辑：方　蔚
责任校对：李俊英
责任印制：程　颖

图书在版编目（CIP）数据

中国支付体系发展报告. 2021=China Payment System Development Report 2021/中国人民银行支付结算司编. —北京：中国金融出版社，2022.12

ISBN 978-7-5220-1853-9

Ⅰ. ①中…　Ⅱ. ①中…　Ⅲ. ①支付方式—研究报告—中国—2021　Ⅳ. ①F832.6

中国版本图书馆CIP数据核字（2022）第236492号

中国支付体系发展报告. 2021
ZHONGGUO ZHIFU TIXI FAZHAN BAOGAO. 2021

出版
发行　中国金融出版社

社址　北京市丰台区益泽路2号
市场开发部　（010）66024766，63805472，63439533（传真）
网上书店　www.cfph.cn
（010）66024766，63372837（传真）
读者服务部　（010）66070833，62568380
邮编　100071
经销　新华书店
印刷　天津市银博印刷集团有限公司
尺寸　210毫米×285毫米
印张　16.25
字数　290千
版次　2022年12月第1版
印次　2022年12月第1次印刷
定价　168.00元
ISBN 978-7-5220-1853-9

《中国支付体系发展报告（2021）》

编 写 组

组　长：温信祥

副组长：樊爽文　严　芳　王　晟

编写组成员（以姓氏笔画为序）：

杨　青　吴　桐　张卫华　张笑尘　陈　雪
周鹏博　胡　波　殷　实

执　　笔（以姓氏笔画为序）：

王云艺　王春晓　孔凡东　刘　畅　刘亚迪
江　棋　许　明　李林峰　吴　双　何正根
张　恒　郑雅莉　贾丽冉　徐吉伟　殷世奎
章宇萍　盖　静　谢　丹

编写说明

《中国支付体系发展报告》（以下简称《报告》）是《中国人民银行金融服务报告》的系列报告之一。自2006年以来，已连续发布15期，充分介绍了中国支付体系建设取得的成就，对于关心和支持我国支付体系建设的人士，特别是参与我国支付体系建设的机构和个人，以及致力于支付体系研究的读者，具有重要的参考价值。此外，该报告有助于国际社会了解中国支付体系的发展现状，加强中国与其他经济体在支付体系方面的沟通。

2021年度《报告》延续了2020年的内容架构，重点突出“巩固法规框架、完善基础设施、加强监管、提升服务水平、推进对外开放”等七个部分：第一部分介绍了法规制度建设情况，包括年内发布、修改和废止的支付结算规章制度。第二部分介绍了支付和市场基础设施的运作情况，包括支付系统、证券登记结算系统以及中央对手方。第三部分介绍了支付服务市场监管，包括稳妥有序推进平台企业支付业务整改、持续打击跨境赌博和电信网络诈骗、强化支付清算市场日常监管、充分发挥行业自律作用等内容。第四部分介绍了支付服务水平的提升，包括适当降低小微企业支付手续费、提升银行账户服务质效、持续优化非现金支付服务、推进支付普惠进程等。第五部分介绍了支付体系的开放，包括实施“引进来”和“走出去”策略以及国际支付结算合作的主要进展。第六部分对2022年支付体系的发展进行了展望。第七部分附录列出了2021年支付体系发展的大事记、支付系统发展的关键指标和支付机构名单。

为便于阅读，本报告遵循“标志性、关键性、重要性”的原则，通过10个专栏和9个案例，分析了年内支付系统的重大事件。专栏内容包括强化客户备付金监管、推进支付服务减费让利、大型支付和金融科技平台企业支付业务整改、深入治理涉赌涉诈“资金链”、开展本外币合一银行结算账户体系试点、为冬奥会圆满举办提供坚实支付服务保障、移动支付向纵深发展、持续改进农村支付环境等，案例主要展示了中国人民银行分支行、商业银行、支付和市场基础设施的特色工作做法。

在此，感谢中国证监会对《报告》编写工作的大力支持。感谢中国支付清算协会、中国人民银行清算总中心、中国银联股份有限公司、银行间市场清算所股份有限公司、城银清算服务有限公司、农信银资金清算中心、跨境银行间支付清算有限责任公司、网联清算有限公司、上海黄金交易所、上海票据交易所、中央国债登记结算有限责任公司、中国证券登记结算有限责任公司、上海期货交易所、大连商品交易所等单位为《报告》提供相关素材，特别感谢银联国际承担了《报告》的翻译工作。感谢中国金融出版社对本报告出版工作的支持。

受理论水平和实践经验所限，《报告》难免还有疏漏不足之处。欢迎有关单位、专家学者及社会各界提出宝贵意见。

中国人民银行支付结算司司长

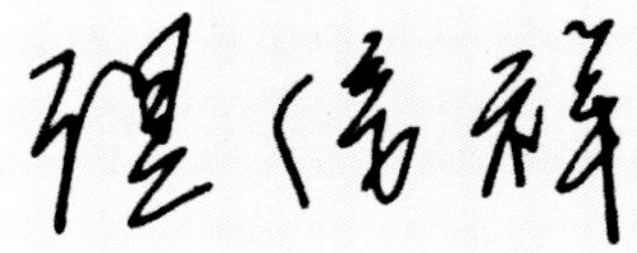

2022年12月20日

目　　录

第三部分　全面强化支付服务市场监管

第四部分　着力提升支付服务水平

第五部分　全面推进支付体系开放合作

第六部分　支付体系2022年发展展望

第七部分　附录

专栏

案例

2021年中国支付体系发展概况

2021年是党和国家历史上具有里程碑意义的一年。面对新冠肺炎疫情反复和错综复杂的内外部环境，中国人民银行以习近平新时代中国特色社会主义思想为指导，深入贯彻落实党的十九大和十九届历次全会精神，全面贯彻新发展理念，以推动高质量发展为主题，以深化供给侧结构性改革为主线，大力推进支付产业高质量发展，充分发挥支付体系对稳增长、促发展、惠民生、保就业的基础作用和支撑效应，扎实做好“六稳”工作、全面落实“六保”任务，巩固疫情防控和经济社会发展成果，助推乡村振兴。

持续强化支付结算法规制度建设。2021年，中国人民银行坚持“立、改、废、释”并举，从完善支付机构监管法规制度、巩固支付服务制度基础、夯实支付市场监管制度基础、健全支付基础设施制度规范等方面着力，不断出台完善相应制度规范，持续推动支付结算领域法规制度建设取得积极进展，有效增强支付结算法规制度的系统性、全面性、适用性和有效性，为支付体系健康发展提供有力保障。

持续完善支付与市场基础设施。2021年，中国人民银行树立全局观念，坚持底线思维，统筹规范、建设并监管支付与市场基础设施，持续优化支付与市场基础设施功能和布局。2021年，全国各项支付与市场基础设施高效稳定运行，社会资金交易规模不断扩大，支付基础设施“主动脉”作用有效发挥，对促进我国经济金融发展和保障社会稳定发挥了重要作用。2021年，各类支付系统[①]共处理支付业务9,336.23亿笔，金额9,450.69万亿元，同比分别增长27.53%和15.32%。

全面强化支付服务市场监管。2021年，中国人民银行认真贯彻落实党的十九届历次全会和中央经济工作会议精神，不断强化支付机构监管，持续推进跨境赌博和电信网络诈骗“资金链”治理，从规范开展支付结算执法检查、优化投诉举报处理机制、推动支付服务市场提质增效、强化支付受理终端管理、强化支付机构风险监测处置等方面入

① 包括大额支付系统、小额支付系统、网上支付跨行清算系统、境内外币支付系统、银行业金融机构行内支付系统、银行卡跨行交易清算系统、城市商业银行支付清算系统和汇票处理系统、农信银支付清算系统、人民币跨境支付系统、非银行支付机构网络支付清算平台。

手，全面加强支付市场日常监管，推动支付基础设施平稳有序运行，充分发挥行业自律作用，支付体系建设不断完善，支付市场治理规范有序。2021年，通过不续展、主动退出等方式，引导9家支付机构退出支付服务市场，审慎批复29家支付机构股权结构变更等重大事项，全年共依法处罚银行、支付机构160余次，罚没金额0.9亿余元，进一步强化了支付市场主体合规发展共识。

着力提升支付服务水平。2021年，中国人民银行坚持“支付为民”理念，深入贯彻落实党中央、国务院关于做好“六稳”工作、落实“六保”任务的决策部署，积极推动支付领域供给侧结构性改革，提升支付服务水平，助力优化营商环境，推动实体经济发展。引导支付行业降低小微企业、个体工商户支付手续费，进一步让利实体经济；创新账户服务举措，推进银行账户服务提质增效；纵深推进移动支付便民工程建设，大力推动非现金支付服务持续发展；坚持支付服务普惠性，持续优化农村支付环境、弥合“数字鸿沟”。截至2021年末，全国共开立人民币银行结算账户136.64亿户，同比增长9.00%；2021年，全国银行共办理非现金支付业务4,395.06亿笔，金额4,415.56万亿元，同比分别增长23.90%和10.03%。

全面推进支付体系开放合作。中国人民银行把握国内国际两个大局，加大支付市场开放力度，稳妥有序推进支付服务市场双向开放，持续完善跨境支付基础设施，鼓励国内支付服务主体布局全球市场，推动支付服务境外推广，积极参与支付领域国际事务，深化交流合作。

第一部分
持续强化支付结算法规制度建设

- 完善支付机构监管法规制度
- 巩固支付服务制度基础
- 夯实支付市场监管制度基础
- 健全支付基础设施制度规范

完善高效的法规制度体系是支付市场健康发展的重要保障，是规范支付结算业务合规开展的坚实基础。2021年，中国人民银行坚持“立、改、废、释”并举，从完善支付机构监管法规制度、巩固支付服务制度基础、夯实支付市场监管制度基础、健全支付基础设施制度规范等方面着力，不断出台完善相应制度规范，持续推动支付结算领域法规制度建设取得积极进展，有效增强支付结算法规制度的系统性、全面性、适用性和有效性，为支付体系健康发展提供有力保障。

一、完善支付机构监管法规制度

（一）提升支付机构监管制度层级

2021年1月，中国人民银行就《非银行支付机构条例（征求意见稿）》（以下简称《条例》）向社会公开征求意见。《条例》旨在规范支付服务市场，防范支付风险，保障当事人合法权益，坚持功能监管、穿透式监管、机构监管与业务监管相结合的思路，明确了非银行支付机构（以下简称支付机构）在设立变更终止、业务规则、监督与管理等方面的工作要求。《条例》已列入2021年国务院立法计划预备制定项目。支付市场监管的高位阶法规制度建设进入实质性立法阶段。

（二）正式发布客户备付金管理制度

为规范支付机构客户备付金管理，保障当事人合法权益，促进支付行业健康有序发展，2021年1月，中国人民银行发布《非银行支付机构客户备付金存管办法》，规范客户备付金集中存管业务，进一步细化了备付金存放、使用、划转规定，明确了中国人民银行及其分支机构、清算机构、备付金银行相应备付金管理职责，设定了客户备付金违规行为处罚标准，强化客户备付金监管。《非银行支付机构客户备付金存管办法》于2021年3月1日正式施行。

专栏1

强化客户备付金监管　保障消费者合法权益

近年来，切实保障客户备付金安全，是中国人民银行对支付机构进行监管的重中之重。遵照国务院关于互联网金融风险专项整治工作部署，中国人民银行于2019年1月14日完成支付机构客户备付金集中存管工作。自此，支付机构与商业银行不再以直连方式处理支付业务，客户备付金监督主体也发生了变化，原有《支付机构客户备付金存管办法》（中国人民银行公告〔2013〕第6号，以下简称原办法）中关于商业银行存管模式以及备付金账户体系等规定已不再适用。为规范集中存管后的客户备付金管理，切实保障消费者合法权益，促进支付行业健康有序发展，2021年1月，中国人民银行以部门规章形式发布《非银行支付机构客户备付金存管办法》（以下简称《办法》），自2021年3月1日起正式施行，原办法同时废止。

《办法》为新形势下强化支付机构客户备付金监管夯实了制度基础。与原办法相比，《办法》主要明确了以下五方面要求：一是规定客户备付金全额集中交存至中国人民银行或符合规定的商业银行。二是规定客户备付金的划转应当通过符合规定的清算机构办理。三是《办法》详细规定了客户备付金出金、入金以及自有资金划转的范围和方式，明确了支付机构间开展合规合作产生的客户备付金划转应当通过符合规定的清算机构办理。四是《办法》明确了中国人民银行及其分支机构、清算机构、备付金银行各方对于客户备付金的监督管理职责。五是《办法》增加了客户备付金相关违规行为的处罚条款。

为适应客户备付金集中存管后的监管需要，《办法》建立了由中国人民银行及其分支机构、清算机构和备付金银行组成的备付金监督管理体系。其中，中国人民银行及其分支机构对客户备付金存管业务活动进行全面监管，并开展检查；清算机构对客户备付金集中存管账户中客户备付金的存放、使用和划转进行监督，监测相关风险；备付金银行对预付卡备付金专用存款账户中客户备付金的存放、使用和划转进行监督，并开展风险监测。

（三）完善支付机构监管制度

为进一步规范支付机构重大事项报告行为，提高支付市场风险甄别、防范和化解能力，维护支付市场稳定。2021年7月，中国人民银行发布《非银行支付机构重大事项报告管理办法》，明确了支付机构重大事项范围，规范了重大事项报告程序，在监管与责任等方面提出了工作要求，《非银行支付机构重大事项报告管理办法》于2021年9月1日正式施行。

二、巩固支付服务制度基础

（一）发布惠民利企制度规范

为贯彻落实2021年《政府工作报告》有关“适当降低小微企业支付手续费”的工作部署，2021年6月，中国人民银行会同银保监会、发展改革委、市场监管总局等部门联合发布《关于降低小微企业和个体工商户支付手续费的通知》，提出了12项降低小微企业和个体工商户支付手续费措施，涵盖了银行账户服务、人民币结算、电子银行、银行卡刷卡、支付账户服务5个方面内容，《关于降低小微企业和个体工商户支付手续费的通知》于2021年9月30日正式施行。

专栏2

推进支付服务减费让利　政策红利直达经济实体

党中央、国务院高度重视金融机构减费让利、惠企利民工作。近年来，中国人民银行在切实加强支付市场建设，推动支付产业高质量发展的同时，注重引导支付服务主体积极承担服务实体经济的社会责任。新冠肺炎疫情发生以来，中国人民银行会同银保监会等部门围绕做好“六稳”工作、落实“六保”任务，及时出台多项金融支持政策，推动金融系统加大减费让利力度。2021年，为进一步加大支持小微企业、个体工商户的普惠金融力度，确保支付领域纾困措施更加直接、精准惠及市场主体，中国人民银行会同银保监会等相关部门联合印发《关于降低小微企业和个体工商户支付手续费的通知》，指导行业协会发布降费倡议书，推出涵盖银行账户服务、人民币结算、电子银行、银行卡刷卡、支付账户服务5方面12条支付手续费降费措施。

一、精准普惠降费

为确保支付服务降费措施的针对性和实效性，中国人民银行通过现场走访、问卷调查等方式，组织对全国近5万家企业进行调研，同时以座谈会等方式与相关部门、支付服务主体进行深入研讨，将本次减费让利政策聚焦于小微企业、个体工商户、消费者等市场主体降费呼声高、使用频度高的基础支付服务，持续推动金融机构向实体经济让利，引导支付行业更好服务经济社会发展和人民群众需要，切实增强广大金融消费者的获得感、满意度。

二、强化政策落实

为确保支付服务减费让利政策精准传导、落地见效，切实普惠市场主体，做到“降费不降服务”，中国人民银行会同相关部门同步推出一系列政策配套措施，统称“一个规范、两套机制、三项加强”。

“一个规范”：规范支付手续费的收费情况，要求银行和支付机构对收费情况进行自查和清理，不得采取先升后降、转嫁成本的方式变相提高支付手续费。

“两套机制”：一是要求银行和支付机构建立“小微企业动态识别机制”，合理界定小微企业身份。对于无法准确界定小微企业身份的情形，要秉持“应降尽降”原则，最大程度惠企利民。二是要求银行和支付机构针对误收费等情况，健全“费用退还机制”。要简化退费办理的手续和流程，确保降费政策应享尽享。

“三项加强”：一是加强政策解读和宣传引导，确保政策能用、会用、好用。二是加强窗口指导，发挥国有大行、清算机构的示范带头作用。三是加强监督管理，人民银行、银保监会等相关部门按照职责分工，对支付服务收费行为进行监督检查，对政策执行不到位的机构加强督导。

本次支付手续费降费政策出台后，国有大行、主要支付机构、清算机构纷纷发声，表示将严格落实降费要求，积极响应降费倡议，支付行业形成了减费让利的良好氛围。自2021年9月30日降费政策正式实施以来至2021年末，各类型支付服务主体共向实体经济让利约88.2亿元，累计惠及市场主体近7,500万家。

（二）建立特定人群服务指引

为助力优化就业环境，建立个人银行账户服务长效机制，切实解决流动就业群体等个人工资卡开户难问题，2021年9月，中国人民银行发布《关于做好流动就业群体等个人银行账户服务工作的指导意见》，围绕利用存量个人银行账户发放工资、优化个人银行账户开户流程、建立个人银行账户服务长效机制等提出了16条意见，同时发布《银行业金融机构跨行代发工资业务指引》和《个人银行账户简易开户服务业务指引》。

为优化营商环境，推进跨境赌博和电信网络诈骗资金链治理，切实解决小微企业开户难问题。2021年10月，中国人民银行发布《关于做好小微企业银行账户优化服务和风险防控工作的指导意见》，围绕优化银行账户开户流程、提升银行开户服务透明度、加强银行账户风险防控能力、建立银行账户管理长效机制等方面，就统筹做好小微企业银行账户服务与风险防控工作提出了18条意见，同时印发了《小微企业银行账户简易开户服务业务指引》和《小微企业银行账户开立服务规范负面清单指引》。

三、夯实支付市场监管制度基础

（一）巩固打击涉赌涉诈制度

2021年11月，为全面贯彻落实党中央、国务院关于打击治理跨境赌博和电信网络诈骗工作要求，深入推进跨境赌博和电信网络诈骗“资金链”治理，切断不法分子涉赌涉诈资金转移链条，牢牢守住人民群众“钱袋子”，中国人民银行会同公安部制定了《电信网络诈骗和跨境赌博“资金链”治理工作方案》。方案坚持以人民为中心，强化系统观念、法治思维，注重源头治理、系统治理、综合治理，坚持齐抓共管、群防群治，全面落实打防管控各项措施和行业监管主体责任；提出跨境赌博和电信网络诈骗“资金链”治理工作5年目标，从责任压实、机制建设、制度保障、风险整治、信息保护、科技应用、责任追究、宣传教育等方面提出29条工作举措。

（二）健全支付业务制度规范

为维护支付市场秩序，保护消费者合法权益，2021年10月，中国人民银行发布《关于加强支付受理终端及相关业务管理的通知》，从支付受理终端业务管理、特约商户管理、收单业务监测等方面规范管理要求，对银行卡、条码支付、创新支付等受理终端业务管理予以明确，对特约商户的信息核实、信息平台变更等商户管理予以细化，对收单业务的交易信息管理、信息核对、受理终端位置监测、资金结算监测提出要求。《关于加强支付受理终端及相关业务管理的通知》于2022年3月1日起正式施行。

四、健全支付基础设施制度规范

为进一步完善中央银行存款账户管理和服务制度体系，更好实现中国人民银行政策目标和履行中央银行账户服务职能，规范和加强中央银行存款账户管理，提高中央银行存款账户服务的质量和效率，2021年中国人民银行研究起草了《中央银行存款账户管理办法（征求意见稿）》，明确中央银行存款账户管理的适用范围、总体原则和职责分工，对账户申请与开立、变更与撤销、账户使用、纪律与责任等方面提出具体要求。《中央银行存款账户管理办法》已于2021年11月向社会公众征求意见。

第二部分
持续完善支付与市场基础设施

- 支付系统功能和布局不断优化
- 证券登记结算系统持续稳定运行
- 中央对手清算基础设施建设有序推进

完善的支付与市场基础设施是经济金融高效安全稳定运行的基础。2021年，中国人民银行树立全局观念，坚持底线思维，统筹规范、建设并监管支付与市场基础设施，持续优化支付与市场基础设施功能和布局。全国各项支付与市场基础设施高效稳定运行，社会资金交易规模不断扩大，支付系统业务量稳步增长，支付基础设施“主动脉”作用有效发挥，对促进我国经济金融发展和保障社会稳定发挥了重要作用。

一、支付系统功能和布局不断优化[①]

（一）大额实时支付系统

2021年，大额实时支付系统业务金额[②]保持增长，全年共处理支付业务4.82亿笔，同比下降5.95%，金额6,171.42万亿元，同比增长9.27%；平均每笔1,280.38万元，同比增长16.16%；日均[③]处理支付业务192.76万笔，金额24.69万亿元。从地区分布来看，大额实时支付系统业务仍主要集中在东部地区。2021年，东部、中部、西部和东北地区[④]交易笔数分别为2.96亿笔、0.81亿笔、0.80亿笔和0.25亿笔，分别占总交易笔数的61.35%、16.85%、16.64%和5.16%，同比分别下降4.49%、10.97%、4.87%和9.06%；交易金额分别为5,302.77万亿元、381.65万亿元、366.33万亿元和120.66万亿元，分别占总交易金额的85.92%、6.18%、5.94%和1.96%，同比分别增长9.72%、10.15%、4.82%和1.52%。

① 原同城清算系统业务已于2020年12月全部迁移至大额支付系统、小额支付系统处理。因此，自2021年起不再单独披露同城清算系统业务量。

② 按照支付业务往账口径统计，下同。

③ 2021年，大额实时支付系统共运行250个工作日。

④ 东部地区包括北京、天津、河北、上海、江苏、浙江、福建、山东、广东、海南；中部地区包括山西、安徽、江西、河南、湖北、湖南；西部地区包括内蒙古、广西、重庆、四川、贵州、云南、西藏、陕西、甘肃、青海、宁夏、新疆；东北部地区包括辽宁、黑龙江、吉林。

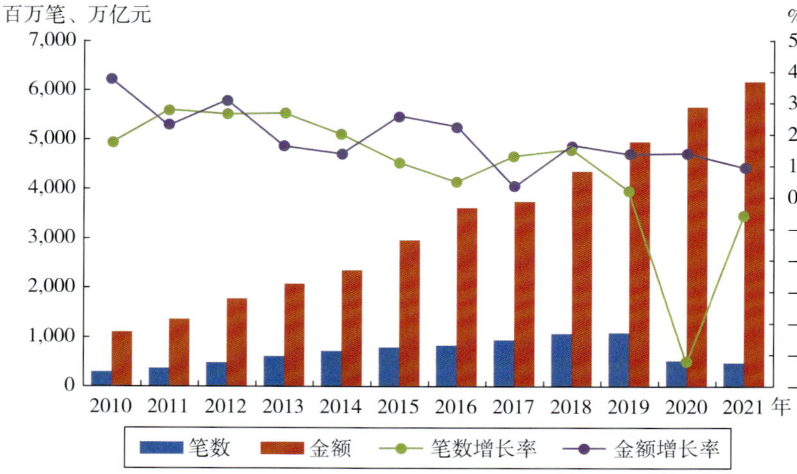

图1　2010—2021年大额支付系统业务量变动趋势

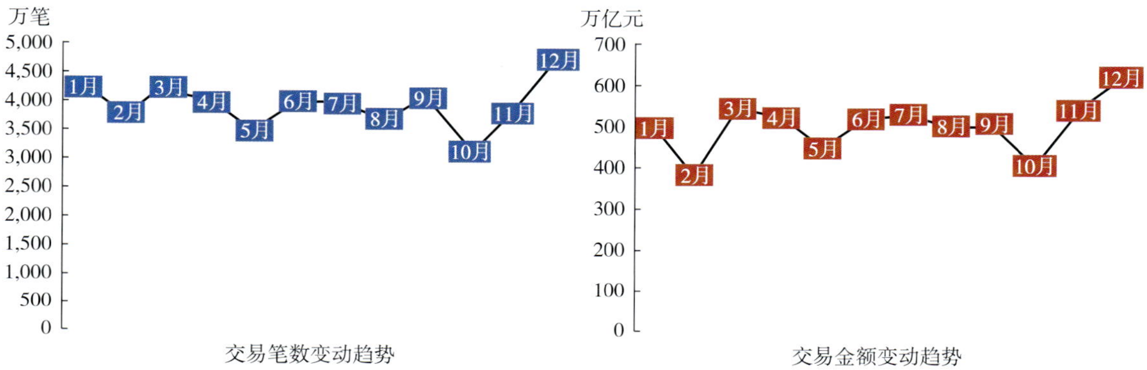

图2　2021年大额支付系统业务量变动趋势

（二）小额批量支付系统

2021年，小额批量支付系统业务量持续增长，全年共处理支付业务38.81亿笔，金额162.55万亿元，同比分别增长12.21%和10.67%；平均每笔4.19万元，同比下降1.38%；日均[①]处理支付业务1,063.18万笔，金额4,453.44亿元。

① 2021年，小额批量支付系统共运行365个工作日。

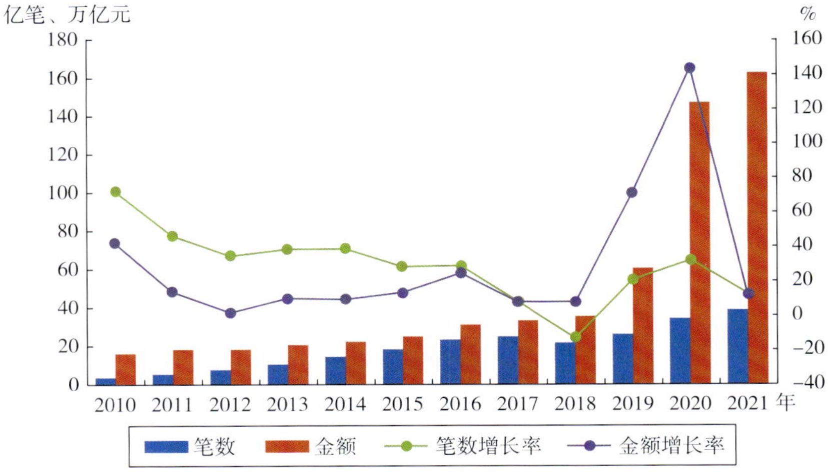

图3　2010—2021年小额支付系统业务量变动趋势

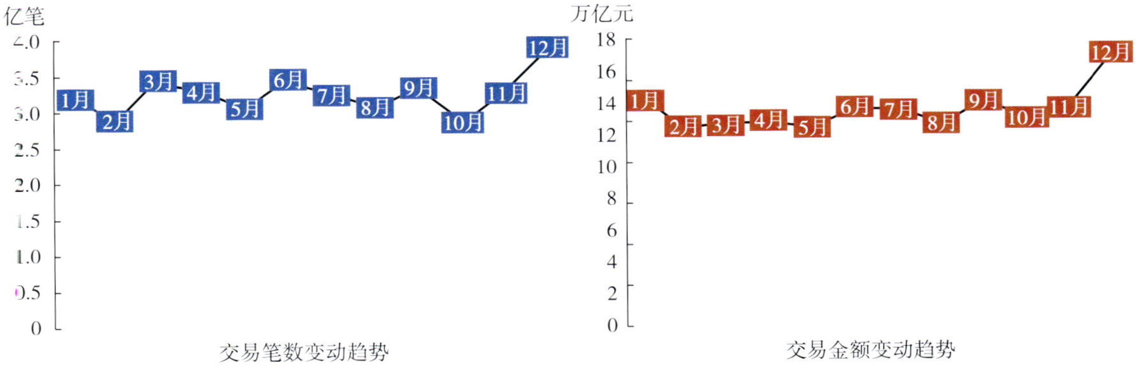

图4　2021年小额支付系统业务量变动趋势

（三）网上支付跨行清算系统

截至2021年末，网上支付跨行清算系统共有直接参与者225家，全年共处理支付业务174.91亿笔，金额273.76万亿元，同比分别增长11.95%和34.53%；平均每笔1.57万元，同比增长20.17%；日均[①]处理业务4,792.15万笔，金额7,500.26亿元。

① 2021年，网上支付跨行清算系统共运行365个工作日。

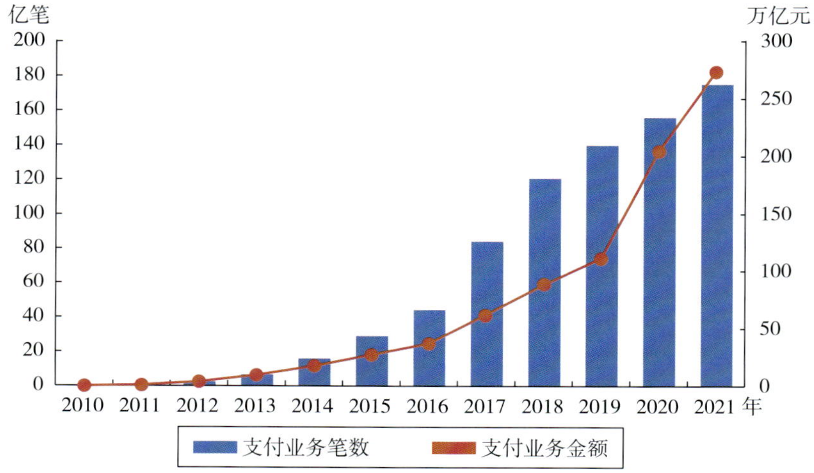

图5　2010—2021年网上支付跨行清算系统业务量变动趋势

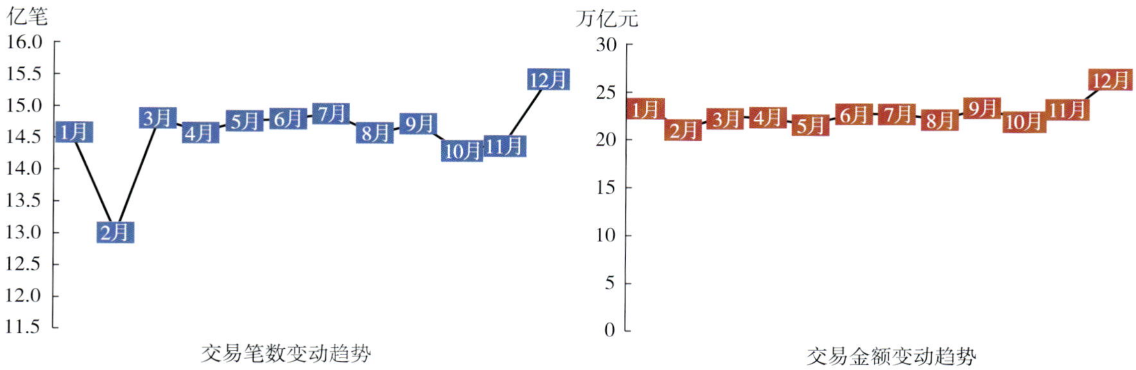

图6　2021年网上支付跨行清算系统业务量变动趋势

（四）境内外币支付系统

截至2021年末，境内外币支付系统共有代理结算银行4家，直接参与者75家，间接参与者932家。全年共处理业务416.42万笔，处理业务金额2.24万亿美元（折合人民币约为14.46万亿元①），同比分别增长56.28%和49.15%；平均每笔53.79万美元，同比下降4.49%；日均②处理业务1.67万笔，金额89.54亿美元（折合人民币约为578.58亿元）。

① 境内外币支付系统业务量使用每个季度末最后一个交易日的汇率按季度折算为人民币。

② 2021年，境内外币支付系统共运行250个工作日。

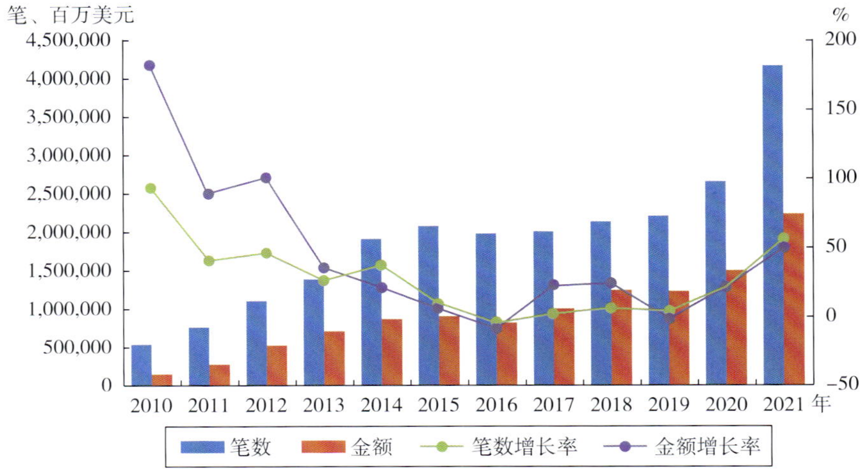

图7　2010—2021年境内外币支付系统业务量变动趋势

（五）中央银行会计核算数据集中系统（ACS）

2021年，中国人民银行积极优化ACS服务与功能，继续推广业务线上办理渠道和资金归集服务，大力支持疫情防控。截至2021年末，上线运行ACS综合前置子系统的金融机构达3,952家，占金融机构总数的88.53%，满足金融机构在线办理央行业务需求，提高资金划转速度；为100家金融机构开启资金归集管理功能，日均节约流动性193.46亿元；延长ACS运行时间共计77次，支持防疫专项再贷款、公开市场操作、中期/常备借贷便利发放、央行票据互换等业务办理，有效保障了疫情防控及稳产保供专项再贷款等政策资金的及时拨付。2021年，ACS安全稳定运行，系统可用性①达到100%；全年共处理业务1,873.88万笔；日均②处理业务7.50万笔。

专栏3

常备借贷便利业务和再贴现业务实现券款对付结算

2021年5月和7月，中国人民银行先后发布《关于做好中小金融机构常备借贷便利业务券款对付结算的通知》和《关于做好再贴现业务票款对付结算工作的通知》，并

① 即系统服务不中断运行时间占实际运行时间的比例。

② 2021年，ACS共运行250个工作日。

于7月和11月正式启用中小金融机构常备借贷便利（SLF）业务和金融机构再贴现业务的券款对付（DVP）结算机制，进一步提高货币政策工具资金直达实体经济速度，助力金融机构缓解资金压力。

SLF业务和再贴现业务的DVP结算模式如下：一是在实现方式上，通过ACS与中央结算公司债券托管系统、中国外汇交易中心SLF操作系统以及上海票据交易所票据交易系统直连，实现债券/票据交易、质押、融资等环节全流程自动化协同处理，从而完成债券/票据和资金同步交割。二是在具体操作上，首期日，金融机构通过债券托管系统/票据交易系统向中国人民银行自动质押足额合格债券/票据后，中国人民银行通过ACS向金融机构发放资金；到期日，金融机构通过ACS向中国人民银行归还资金后，债券托管系统/票据交易系统自动解押金融机构债券或票据。

截至2021年末，中国人民银行通过DVP结算方式向金融机构发放SLF156笔、金额19.15亿元，发放再贴现3,194笔、金额2,222.71亿元。DVP结算机制的运用，大幅提升了金融机构融资便利度，提高了货币政策工具的实施效率。DVP结算功能上线后，SLF业务和再贴现业务用时从金融机构发起申请到最终生成交割单平均仅需1.5分钟，较以往金融机构到人民银行柜台现场办理用时（约需30分钟）大幅缩短。

（六）人民币跨境支付系统（CIPS）

2021年，CIPS[①]业务量快速增长，参与者拓展成效显著，业务覆盖范围进一步扩大。截至2021年末，CIPS共有直接参与者75家，间接参与者1,184家，遍布全球178个国家（地区）。2021年，CIPS共处理支付业务334.16万笔，金额79.60万亿元，同比分别增长51.55%和75.83%；日均[②]处理支付业务1.34万笔，金额3,184.00亿元。

① 人民币跨境支付系统业务量数据来自跨境银行间支付清算有限责任公司。

② 2021年，CIPS共运行250个工作日。

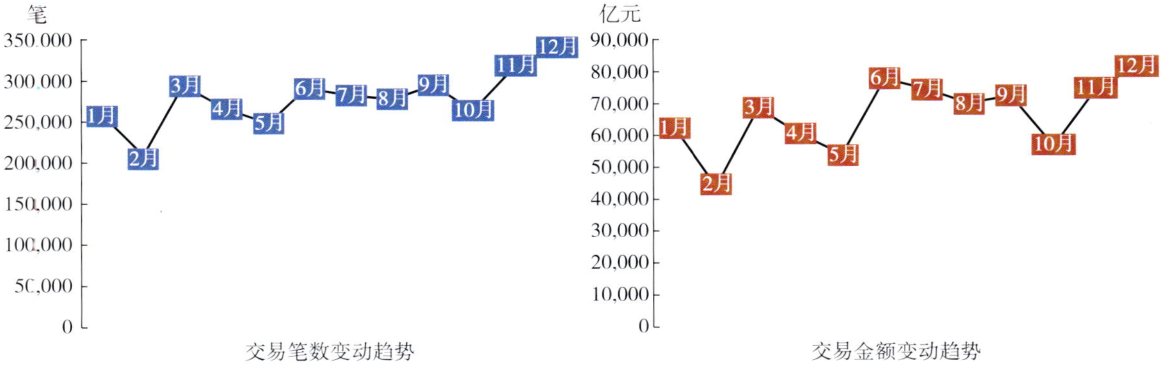

图8　2021年CIPS业务量变动趋势

（七）银联跨行支付系统

2021年，银联跨行支付系统①业务笔数显著增长，全年共处理交易②笔数2,080.04亿笔，金额226.95万亿元，同比分别增长38.15%和18.09%；日均③处理业务5.70亿笔，金额6,217.83亿元。

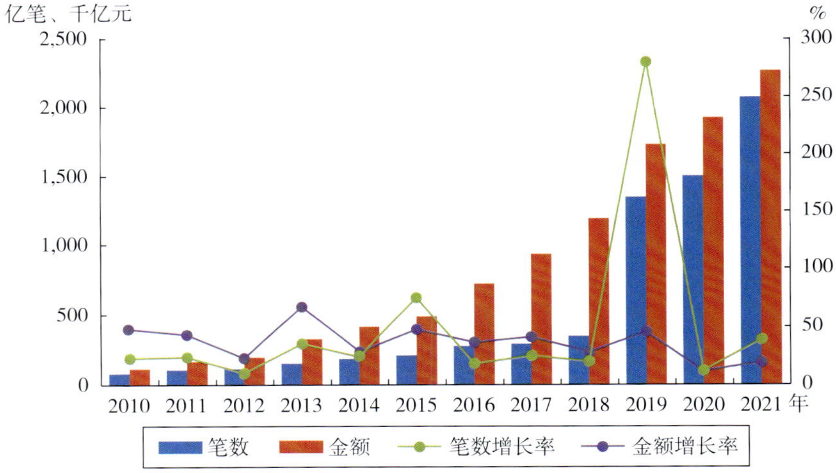

图9　2010—2021年银联跨行支付系统业务量变动趋势

① 银联跨行支付系统数据来自中国银联股份有限公司。

② 自2018年第二季度起，银联跨行支付系统业务仅包含资金清算的交易，不包含查询、账户验证等不参与资金清算的交易；自2019年第一季度起，银联跨行支付系统业务量包括支付机构发起的通过银联跨行支付系统处理的涉及银行账户的网络支付业务量。

③ 2021年，银联跨行支付系统共运行365个工作日。

（八）网联清算平台

2021年，网联清算平台[①]业务量保持增长，全年共处理支付业务6,827.60亿笔，金额461.46万亿元，同比分别增长25.70%和32.27%；日均[②]处理业务18.71亿笔，金额1.26万亿元，单日最高交易规模、金额分别达到25.56亿笔、2.22万亿元，系统成功率、资金清算准确率、资金清算及时率、核心应用系统可用性均达100%。

（九）城银清算支付清算系统和汇票系统[③]

2021年，城银清算支付清算系统业务量显著增长；汇票处理系统业务笔数持续下降[④]。截至2021年末，城银清算支付清算系统共有接入机构258家，全年共处理支付业务1,626.25万笔，清算资金18,626.33亿元，同比分别增长115.22%和70.30%。截至2021年末，汇票系统接入机构118家，全年累计签发银行汇票6,196笔，金额113.12亿元，同比分别下降19.05%和增长14.82%；累计兑付银行汇票1,562笔，金额39.47亿元，同比分别下降20.71%和增长1.67%。

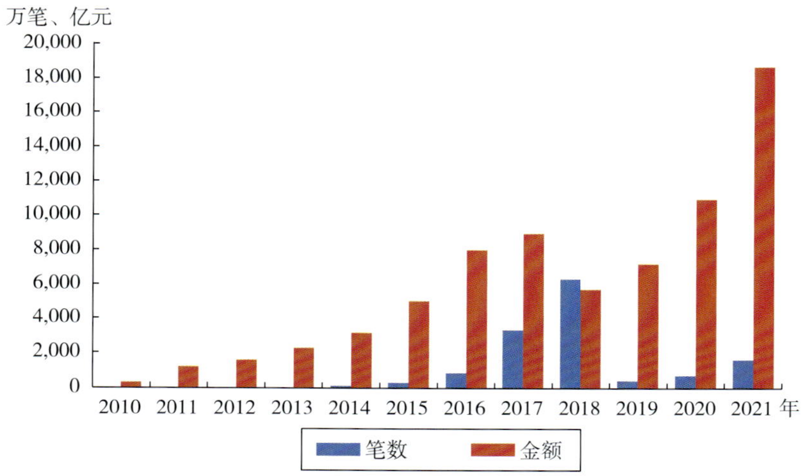

图10 2010—2021年城银清算支付清算系统业务量变动趋势

① 网联清算平台业务量数据来自网联清算有限公司。该数据为支付机构发起的通过网联平台处理的涉及银行账户的网络支付业务量。

② 2021年，网联清算平台共运行365个工作日。

③ 根据中国人民银行“断直连”工作要求，第三方支付机构全部接入银联或网联系统，商业银行与支付机构之间的业务，城银清算有限公司和农信银资金清算中心成员机构与第三方支付机构之间的业务不再计入商业银行行内业务系统、城银清算支付清算系统和农信银支付清算系统业务量统计。

④ 城银清算支付清算系统和汇票系统业务量数据来自城银清算服务有限责任公司。

（十）农信银支付清算系统

2021年，农信银支付清算系统①业务量增长较快，全年共处理业务25.30亿笔，金额3.27万亿元，同比分别增长45.57%和23.85%；日均②处理业务693.17万笔，金额89.73亿元。

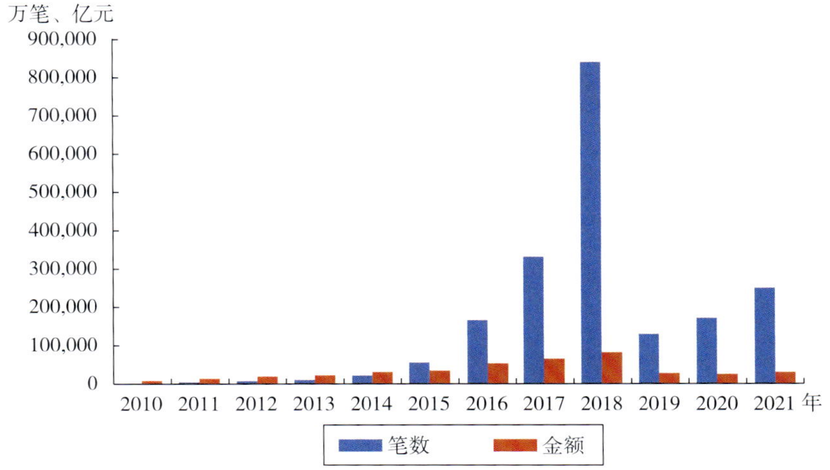

图11 2010—2021年农信银支付清算系统业务量变动趋势

（十一）商业银行行内业务系统

2021年，商业银行行内业务系统业务金额增长较快，全年共处理业务184.51亿笔，金额2,055.34万亿元，同比分别增长9.06%和29.40%，分别占支付系统业务量的1.98%和21.75%；日均③处理业务5,055.05万笔，金额5.63万亿元。

① 农信银支付清算系统数据来自农信银资金清算中心。

② 2021年，农信银支付清算系统共运行365个工作日。

③ 2021年，商业银行行内业务系统共运行365个工作日。

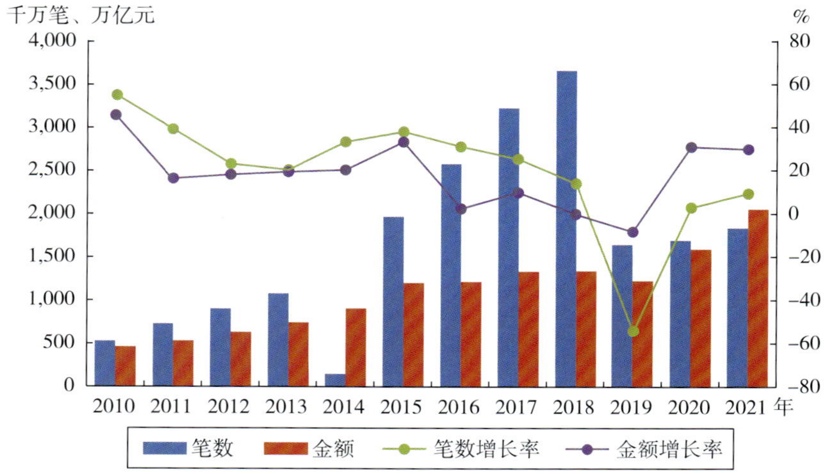

图12 2010—2021年商业银行行内业务系统业务量变动趋势

二、证券登记结算系统持续稳定运行

（一）上海票据交易所电子商业汇票系统

2021年，上海票据交易所电子商业汇票系统运行稳定，业务量总体保持平稳增长。全年电子商业汇票支付（出票和票据背书合计数）1.70亿笔，金额80.55万亿元，同比分别增长26.87%和16.65%；承兑2,738.25万笔，金额23.99万亿元，同比分别增长20.58%和9.74%；贴现966.92万笔，金额14.99万亿元，同比分别增长33.47%和12.03%。2021年，全国共发生商业汇票转贴现62.01万笔，金额46.94万亿元，同比分别增长34.27%和6.41%；质押式回购4.80万笔，金额21.70万亿元，同比分别增长10.68%和11.06%；买断式回购3,806笔，金额1.28 万亿元，同比分别增长182.13%和187.53%。2021年，电子商业汇票DVP结算2,342.76万笔，金额98.4万亿元，同比分别增长22.55%和14.79%。

（二）中央债券综合业务系统

债券年度登记量和发行总量快速增长。2021年，中央国债登记结算有限责任公司（以下简称中央结算公司）登记新发债券包括国债、地方政府债、政策性银行债、信贷资产支持证券、商业银行债、政府支持机构债、企业债、非银行金融机构债等，全年共登记新发债券3,608只，发行量共计22.84万亿元，登记量同比增长11.02%，发行量同比增长4.41%。其中，国债发行6.68万亿元，同比下降4.87%；地方政府债发行7.48万亿元，同比增长16.12%；政策性银行债发行5.03万亿元，同比增长2.68%；国债、地方政府债、政策性银行债在新发债券中占据主要地位，全年发行量合计19.19万亿元，约占中央结算公司登记发行总量的84.04%。

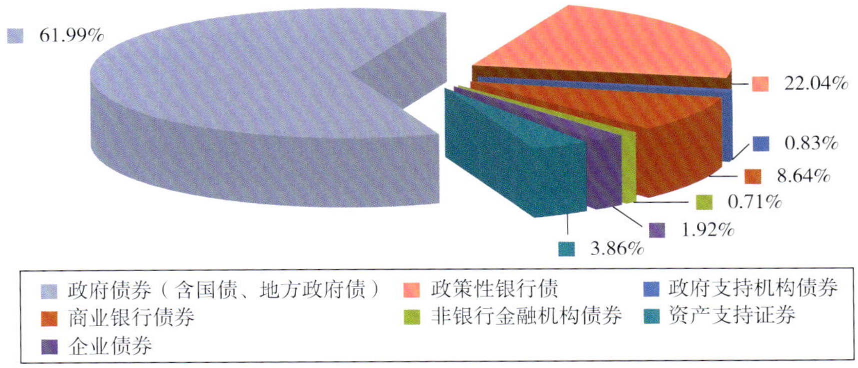

图13　中央结算公司2021年各券种发行量占比

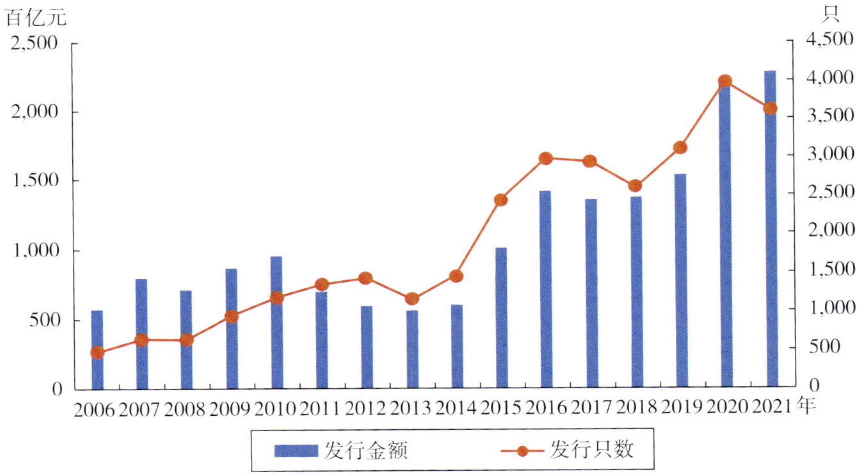

图14　2006—2021年中央结算公司发行总量趋势

债券市场托管总量保持增长。截至2021年末，中央结算公司托管债券总量87.20万亿元，同比增长13.04%，占全市场托管总量132.44万亿元的65.84%。从托管结构上看，中央结算公司托管的债券主要为国债、地方政府债和政策性银行债，三者合计占总托管量的83.15%。

表1 2021年末债券市场托管量分布情况

单位：万亿元

债券市场	托管量
全市场	132.44
中央结算公司登记托管的债券	87.20
上海清算所登记托管的债券	29.00
中国结算登记托管的债券	16.24

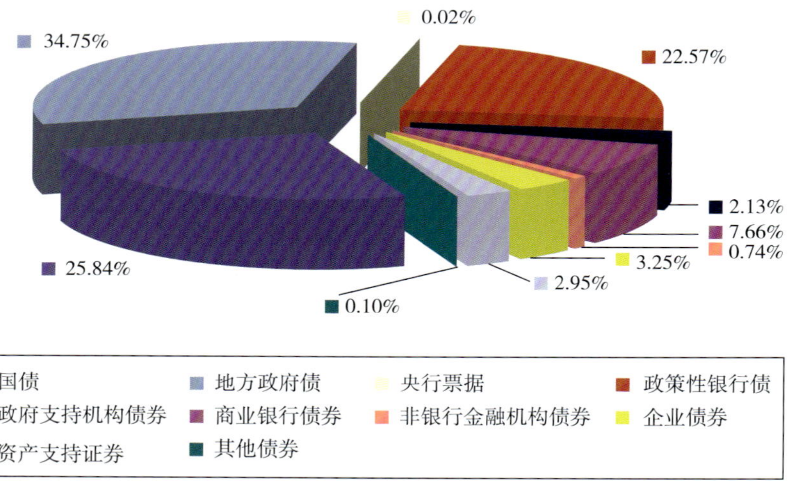

图15 2021年末中央结算公司登记托管的各债券比重

债券市场交易结算量持续增长。2021年，中央结算公司全年结算量为1,043.47万亿元，同比增长10.63%，占债券市场交易结算总量1,325.40万亿元的78.73%。其中，现券交易结算量141.47万亿元，同比下降7.63%；回购交易结算量892.20万亿元，同比增长13.95%。

表2 2021年银行间债券市场交易结算情况

单位：亿元

银行间债券市场	结算量
全市场	13,253,963.60
中央结算公司小计	10,434,732.02
现券交易	1,414,704.05
回购交易	8,922,040.79
债券借贷	97,987.18
上海清算所小计	2,819,231.58
现券交易	705,757.55
回购交易	2,113,474.03

券款对付（DVP）结算业务持续增长。2021年，银行间债券市场DVP结算参与者数量保持快速增长。截至2021年末，银行间债券市场DVP结算参与者共有31,079家，全年新增3,187家。2021年，中央结算公司与大额支付系统对接运行平稳，中央结算公司全年为债券市场结算成员办理DVP资金结算量812.33万笔，资金结算金额1,848.10万亿元，同比分别增长36.40%和11.31%。2021年，日均DVP结算金额7.39万亿元，同比增长10.87%。

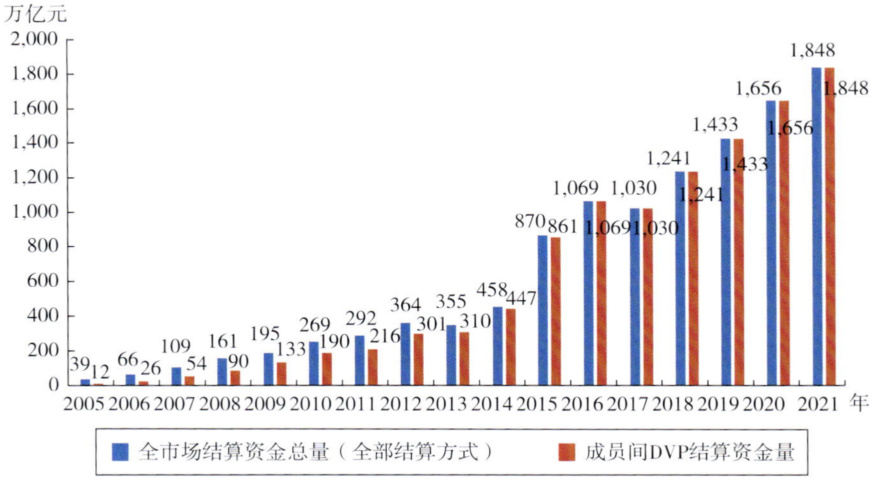

图16　2005—2021年中央结算公司资金结算量趋势

债券付息兑付业务稳步快速增长。2021年，中央结算公司完成国债、地方政府债、政策性金融债、政府支持机构债、企业债、商业银行债、信贷资产支持证券等债券的付息兑付和发行手续费拨付操作共计2.94万券次，同比增长20.46%；拨付资金总额达15.71万亿元，同比增长27.05%。

（三）中国证券登记结算系统

投资者规模不断扩大。截至2021年末，中国证券登记结算有限责任公司（以下简称中国结算）登记的投资者个数为19,740.85万个，较2020年末增加1,963.36万个。其中，自然人投资者19,693.91万个，较2020年末增加1,958.14万个。

登记存管证券数量稳步增长。截至2021年末，中国结算登记存管沪深证券交易所证券30,395只，同比增长16.94%。其中，A股4,606只，较2020年末增加460只；B股90只，较2020年末减少3只；国债615只、地方债2,966只、政策性金融债33只、企业债2,073只、公司债11,206只、可转债411只、中小企业私募债795只、ETF 645只、资产证券化产品6,431只、公募基础设施基金（REITs）11只，较2020年末分别增加199只、950只、9只、

99只、2,039只、33只、31只、266只、433只、11只；LOF 504只、实时申赎货币基金8只，较2020年末分别减少123只、1只；封闭式基金1只，与2020年末持平。

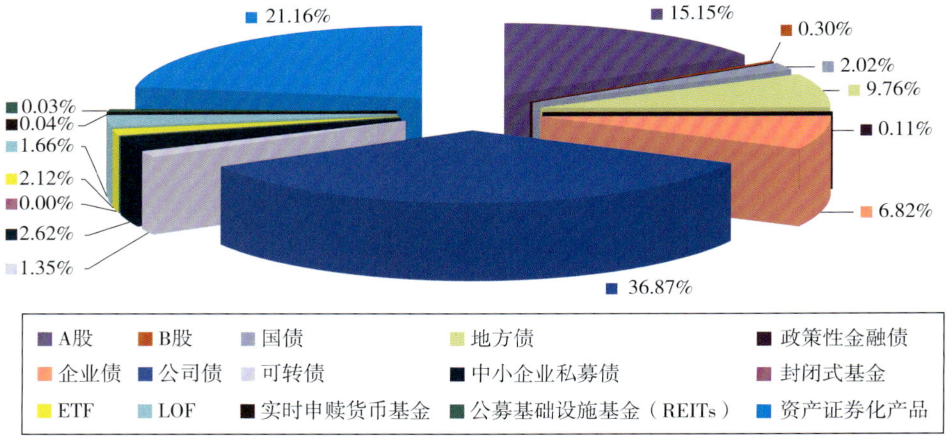

图17　2021年登记存管证券数量占比

登记存管证券面值稳步增长。截至2021年末，中国结算登记存管沪深证券交易所证券的面值为26.60万亿元，同比增长13.90%。其中，非限售A股面值6.16万亿元，非限售B股面值280.70亿元，国债面值8,892.80亿元，地方债面值9,556.28亿元，政策性金融债面值1,731.10亿元，企业债面值10,971.61亿元，公司债面值117,521.30亿元，可转债面值6,582.12亿元，中小企业私募债面值7,144.29亿元，封闭式基金面值0.10亿元，ETF面值7,390.64亿元，LOF面值530.71亿元，实时申赎货币基金面值122.37亿元，公募基础设施基金（REITs）面值73.06亿元，资产证券化产品面值25,039.88亿元。

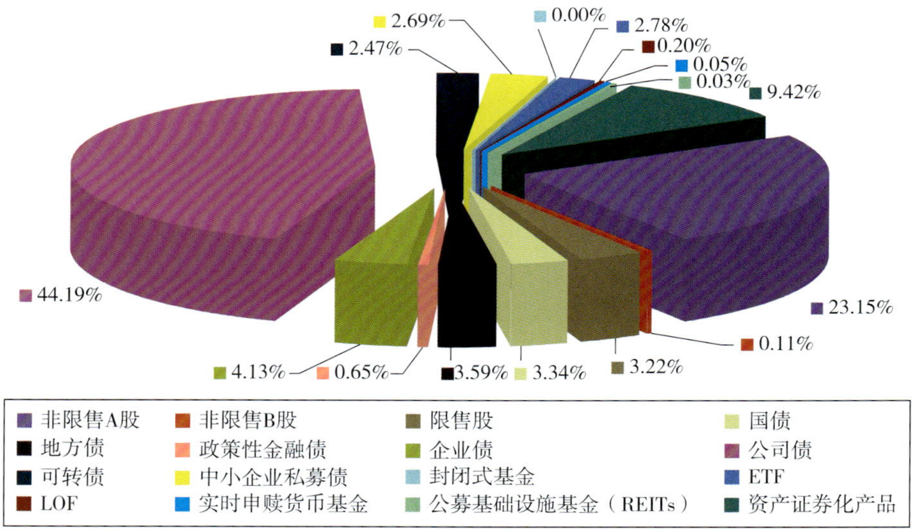

图18　2021年登记存管证券面值占比

各类登记存管证券非限售市值占比差异较大。截至2021年末，中国结算登记存管沪深证券交易所证券的非限售总市值为97.97万亿元，同比增长16.63%。其中，A股非限售市值78.06万亿元，B股非限售市值1,301.24亿元，国债非限售市值9,111.14亿元，地方债9,563.29亿元，政策性金融债1,758.84亿元，企业债9,375.87亿元，公司债116,257.82亿元，可转债8,229.85亿元，中小企业私募债7,059.93亿元，封闭式基金非限售市值9.89亿元，ETF 14,017.31亿元，LOF 733.69亿元，实时申赎货币基金166.17亿元，公募基础设施基金（REITs）127.06亿元，资产证券化产品非限售市值21,404.37亿元。

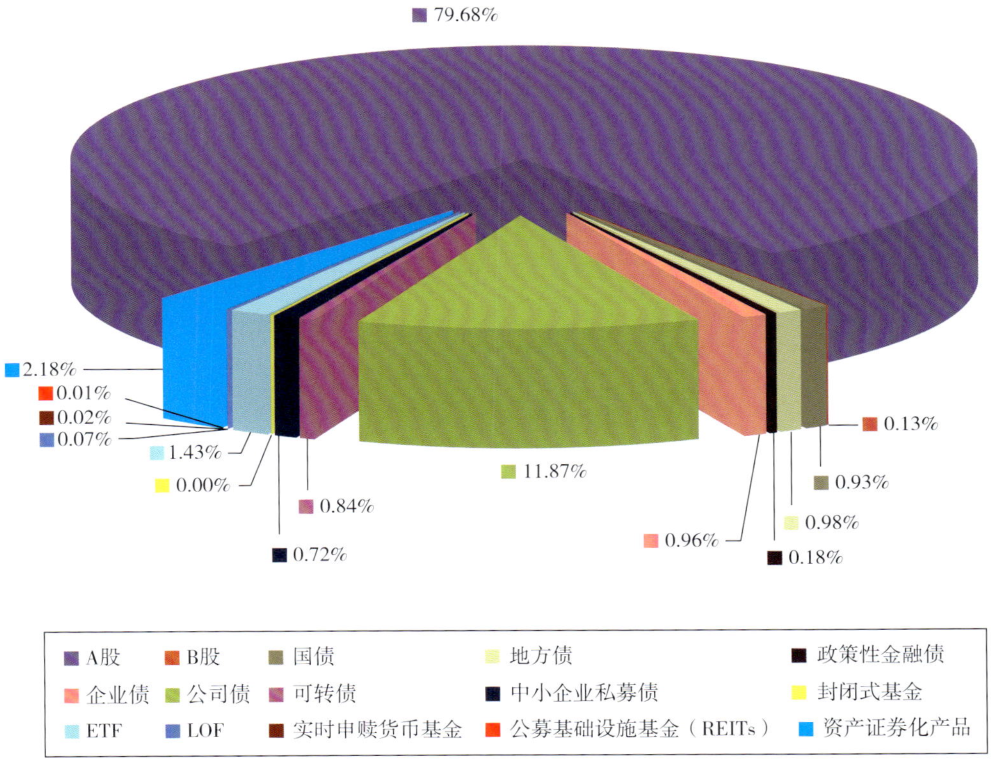

图19　2021年登记存管证券非限售市值占比

（四）上海清算所登记结算系统

投资者数量持续增长。截至2021年末，上海清算所共服务债券发行人7,119家，债券投资者31,553家，同比分别增长8.70%和10.34%。债券投资者主要包括非法人类产品27,863家、存款类金融机构2,135家、境外投资者（含产品户）1,242家、非银行金融机构367家。

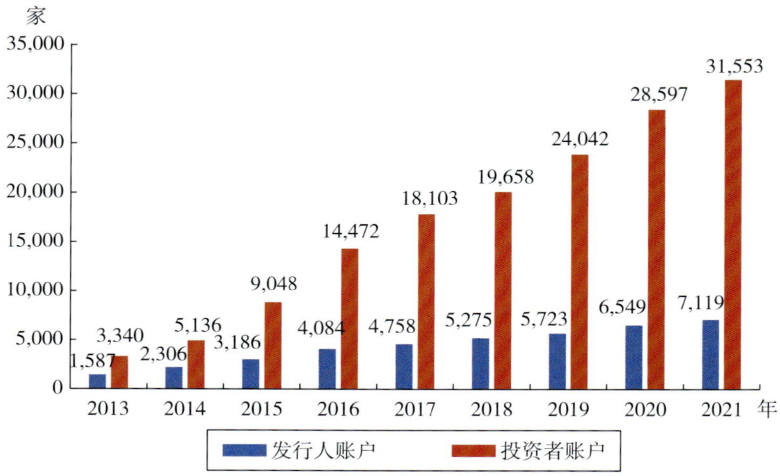

图20 2013—2021年上海清算所账户开立趋势

托管新发债券和债券兑付数量平稳增长。截至2021年末，上海清算所托管各类新发行债券40,807只，累计面额32.17万亿元，同比分别增长7.03%和12.27%；债券兑付38,509只，累计面额27.67万亿元，同比分别增长2.30%和4.50%。截至2021年末，上海清算所托管债券32,282 只，托管余额29.00万亿元，同比分别增长12.15%和18.27%。从托管结构上看，上海清算所托管的券种主要为同业存单、中期票据和非公开定向债务融资工具，三者合计占总托管量的83.69%。

表3 2021年上海清算所产品发行及托管结构

单位：亿元

发行结构	发行面额	2021年末托管结构	托管量
超短期融资券	46,487.93	超短期融资券	18,767.42
非公开定向债务融资工具	8,518.83	非公开定向债务融资工具	23,761.98
短期融资券	5,199.78	短期融资券	5,306.72
中小企业集合票据	0.00	中小企业集合票据	0.00
非金融企业资产支持票据	6,454.36	非金融企业资产支持票据	9,158.14
中期票据	25,088.15	中期票据	79,713.55
项目收益票据	49.30	项目收益票据	131.40
政策性银行债券	4,729.24	政策性银行债券	6,899.84
证券公司短期融资券	5,937.00	证券公司短期融资券	1,699.00
其他金融债	453.60	其他金融债	3,463.60
同业存单	217,922.88	同业存单	139,138.72
熊猫债	856.50	熊猫债	1,494.20
资产支持证券	0.00	资产支持证券	355.31

续表

发行结构	发行面额	2021年末托管结构	托管量
标准化票据	0.50	标准化票据	0.00
互联互通券种	51.47	互联互通券种	109.00
合计	321,749.53	合计	289,998.88

表4　2018—2021年上海清算所业务量统计

单位：亿元

年份	2021年	2020年	2019年	2018年
发行量	321,749.53	286,583.56	251,828.80	267,980.07
托管量	289,998.88	245,192.36	223,490.43	198,188.98

创新品种持续扩容。2021年，上海清算所新创设登记的信用风险缓释凭证（CRMW）138只，名义本金295.22亿元，新创设数量同比上升81.58%，名义本金同比增长99.26%，有效提供信息披露、正式配售、独立创设与联合创设、集中登记托管、交易后清算结算、存续期监测、估值等多元化全方位服务。截至2021年末，上海清算所共托管信用风险缓释凭证（CRMW）160只，托管的名义本金368.35亿元，同比分别增长83.90%和90.31%；信用联结票据（CLN）3只，名义本金2.50 亿元。

三、中央对手清算基础设施建设有序推进

（一）上海清算所

2021年，上海清算所持续做好利率衍生品、外汇、信用衍生品和大宗商品衍生品中央对手清算业务产品创新、服务优化和功能完善。利率衍生品业务方面，推出农发债标准债券远期业务，将标的债券由国开债进一步拓展至农发债，满足市场多元化需求。外汇业务方面，一方面进一步拓展外汇中央对手清算业务的清算期限和清算品种，将T+1日交易以及外汇期权组合交易纳入中央对手清算范围；另一方面拓展双边清算服务，优化外币回购清算业务，推出券款对付（DVP）结算等新功能，为交易结算安全提供有力保障。2021年，上海清算所中央对手清算业务量为149.89万亿元，同比增长18.15%，清算会员数量达91家，各项业务健康平稳运行。

债券中央对手清算业务。截至2021年末，债券中央对手清算业务参与者79家，其中综合清算会员7家，普通清算会员56家，代理客户16家。全年累计清算面额3.76万亿元，同比下降75.04%。其中，债券现券交易清算面额1.75万亿元，同比下降87.17%；债券回购交易清算面额2.01万亿元，同比下降39.92%。

外汇交易中央对手清算业务。截至2021年末，上海清算所外汇竞价清算参与者247家，外汇询价清算会员44家。全年累计清算面额124.96万亿元，同比增长35.41%。其中，外汇即期竞价交易清算面额0.95亿元，人民币外汇询价交易清算面额124.01万亿元。

人民币利率衍生品中央对手清算业务。截至2021年末，人民币利率互换中央对手清算业务参与者389家，其中综合清算会员9家，普通清算会员40家，代理客户340家；全年累计清算面额20.88万亿元，同比增长9.61%。银行间市场标准债券远期中央对手清算业务参与者95家，其中综合清算会员6家，普通清算会员45家，代理客户44家；全年累计清算面额2,614.80亿元，同比下降42.30%。

大宗商品衍生品中央对手清算业务。截至2021年末，大宗商品衍生品中央对手清算业务参与者683家，其中综合清算会员7家，普通清算会员7家，代理客户669家。全年累计清算面额261.90亿元，同比增长210.57%。

信用风险缓释工具中央对手清算业务。截至2021年末，银行间市场信用违约互换中央对手清算业务参与者24家，其中综合清算会员5家，普通清算会员19家。

（二）上海黄金交易所

2021年，上海黄金交易所（以下简称上金所）主要交易品种包括黄金、白银、铂金、金币等贵金属。截至2021年末，上金所会员总数279家，全额清算量为28.77万亿元。上金所中央对手清算业务涵盖竞价交易和定价交易。竞价交易合约包括现货实盘合约、现货即期合约、现货延期交收合约及其他衍生品合约。定价交易合约包括上海金集中定价合约和上海银集中定价合约，2021年，上金所竞价交易成交金额12.02万亿元，定价交易成交金额5,066.23亿元。

（三）中国结算

截至2021年末，中国结算累计为投资者开立一码通账户19,740.85万户，境内结算参与人数量达到198家（包括 120家证券公司类、42家银行类及 36 家其他类结算参与人），较2020年末增加11家。目前，交易所市场的大部分证券交易品种均已纳入中国结算多边净额担保结算范畴。多边净额结算规模有所下降，全年共处理证券交易358.30亿笔，金额1,686.43万亿元；净额结算量51.81万亿元，同比下降9.06%。

（四）上海期货交易所

截至2021年末，上海期货交易所（以下简称上期所）已上市铜、铝、锌、铅、镍、锡、黄金、白银、螺纹钢、线材、热轧卷板、不锈钢、燃料油、石油沥青、天然橡胶、纸浆16个期货品种以及铜期权、黄金期权、天胶期权、铝期权、锌期权5个期权品种；上期所发起设立的上海国际能源交易中心股份有限公司（以下简称上期能源）已上市原油、20号胶、低硫燃料油、国际铜4个期货品种，以及原油期权1个期权品种。截至2021年末，上期所共有会员201家，其中期货公司会员150家，非期货公司会员51家；上期能源共有会员161家，其中期货公司会员150家，非期货公司会员11家。2021年，上期所市场成交量23.71亿手（单边），成交金额193.11万亿元（单边），同比分别增长14.39%和37.92%；上期能源成交量0.75亿手（单边），成交金额21.47万亿元（单边），成交量同比增长33.55%，成交金额同比增长67.93%。

（五）郑州商品交易所

2021年，郑州商品交易所共成交合约25.00亿手（单边），成交金额107.95万亿元（单边），同比分别增长50.45%和79.66%；办理实物交割合约399.96万手（单边），同比增长84.89%。

（六）大连商品交易所

截至2021年末，大连商品交易所（以下简称大商所）已上市玉米、黄大豆1号、黄大豆2号、豆粕、豆油、棕榈油、鸡蛋、纤维板、胶合板、玉米淀粉、粳米、生猪、聚乙烯、聚氯乙烯、聚丙烯、焦炭、焦煤、铁矿石、乙二醇、苯乙烯、液化石油气21个期货品种和豆粕期权、玉米期权、铁矿石期权、液化石油气期权、聚乙烯期权、聚氯乙烯期权、聚丙烯期权、棕榈油期权8个期权品种。截至2021年末，大商所共有期货公司会员150家，非期货公司会员11家，保证金存管银行16家。2021年，大商所期货及期权成交量23.64亿手（单边），成交金额140.46万亿元（单边），同比分别增长7.11%和28.63%。

（七）中国金融期货交易所

2021年，中国金融期货交易所期货产品包括三大类7个产品。其中，股指期货产品包括沪深300股指期货、上证50股指期货与中证500股指期货；国债期货产品包括2年期国债期货、5年期国债期货与10年期国债期货；股指期权产品为沪深300股指期权。2021年，各金融期货和期权产品成交量12,203.32万手（单边），成交金额118.17万亿元（单边），同比分别增长5.86%和2.37%；年末持仓量109.51万手，同比增长28.12%。

第三部分
全面强化支付服务市场监管

- 稳妥有序推进平台企业支付业务整改
- 持续打击跨境赌博和电信网络诈骗取得重大进展
- 强化支付市场日常监管
- 强化支付清算市场监管
- 充分发挥行业自律作用

2021年，中国人民银行认真贯彻落实党的十九届历次全会和中央经济工作会议精神，不断强化大型支付机构管理，持续推进跨境赌博和电信网络诈骗“资金链”治理，从规范开展支付结算检查、优化投诉举报工作机制、推动支付服务市场提质增效、强化支付受理终端管理、强化支付机构风险监测处置等方面入手，全面加强支付市场日常监管，推动支付基础设施平稳有序运行，充分发挥行业自律作用，支付体系得到不断完善，支付市场治理规范有序。

一、稳妥有序推进平台企业支付业务整改

2021年，中国人民银行坚决贯彻落实党中央、国务院决策部署，坚持规范与发展并重，依法依规对平台企业支付业务实施监管，不断健全支付领域规则制度和风险防控体系，强化事前事中事后全链条全领域监管，加强监管协作，依法坚决查处违法违规行为，稳妥有序推进平台企业支付业务整改，取得阶段性成效。一是多次约谈蚂蚁集团、腾讯集团等14家支付和金融科技平台企业，围绕支付业务回归本源、维护公平竞争秩序、提高支付交易透明度以及保护支付消费者合法权益等方面提出自查自纠要求，并督促平台企业严格落实整改要求，进一步规范支付业务经营与发展。二是及时成立整改工作小组，不断建立健全总分行联动、跨部门沟通协调、定期报告、以查促改等整改工作机制。三是完善制度建设，加快推动出台《非银行支付机构条例》，进一步规范支付服务市场，防范支付风险，保障当事人合法权益。《非银行支付机构条例》已报送国务院并由司法部进行立法审查。四是加强监管协同，加强跨部门沟通协调，发挥监管合力，坚定有序推动平台企业的规范整改工作。

专栏4

大型支付和金融科技平台企业支付业务整改取得阶段性成效

近年来，随着平台经济的快速发展，平台垄断、数据垄断、竞争失序的风险也在不断积累。在支付领域，个别大型支付和金融科技平台企业凭借其数据、资本等优

势，滥用市场支配地位破坏公平竞争、阻碍创新、损害中小企业和消费者合法权益，甚至给数据安全、信息安全、社会公共利益安全带来风险。强化反垄断、深入推进公平竞争政策实施，已成为完善社会主义市场经济体制的内在要求。2021年以来，中国人民银行坚决贯彻落实党中央、国务院关于反垄断和防止资本无序扩张的重大决策部署，坚持公平监管和从严监管原则，充分发挥金融监管部门合力，稳步推进平台企业支付业务整改工作，引导支付回归本源。

一是明确整改要求。自2020年12月以来，中国人民银行会同银保监会、证监会、外汇局等金融管理部门多次约谈蚂蚁集团、腾讯集团等14家网络金融平台企业，指出平台企业支付业务存在的问题，围绕支付业务回归本源、维护公平竞争秩序、提高支付交易透明度以及保护支付消费者合法权益等方面提出自查自纠要求，并督促平台企业自觉遵守各项法律法规，严格落实整改要求，进一步规范支付业务经营与发展。

二是建立工作机制。中国人民银行针对平台企业支付业务整改工作成立支付专项工作小组，按照“一企一策”思路周密制定工作方案，针对各平台企业所涉支付机构逐一细化问题清单和整改方案，精准指导平台企业整改支付业务违规问题。建立人民银行总、分行两级联动机制，注重发挥属地人民银行分支机构监管力量，定期报送平台企业整改情况，并加强上下工作沟通，督促平台企业按照同一标准落实整改要求。

三是强化监管协同。针对平台企业涉及跨部门整改问题的难点堵点，中国人民银行切实加强与相关监管部门沟通协调，充分发挥监管合力，坚定有序推动平台企业的规范整改工作。例如，对于个别支付机构涉嫌“排他性”不正当竞争行为的举报线索，及时移送国家市场监管部门；向国家商务、网络监管部门建议治理个别支付机构限制消费者支付选择权问题；向银保监会、证监会征求平台企业支付业务回归支付本源等整改要求的意见。

目前，蚂蚁集团等14家平台企业支付业务整改工作已取得阶段性成效，平台企业支付业务逐步回归本源，大型平台企业有序开放封闭支付场景。下一阶段，中国人民银行将牢牢坚持“两个毫不动摇”，按照市场化、法治化、国际化原则，进一步完善支付领域规章制度，坚持穿透式监管，督促平台企业持续落实整改要求，不断激发市场主体活力和科技创新能力，规范市场公平竞争秩序，推动支付产业实现更高质量、更有效率、更加公平、更可持续、更为安全发展。

二、持续打击跨境赌博和电信网络诈骗取得重大进展

2021年，中国人民银行按照党中央、国务院相关工作部署，坚决推进打赌反诈“资金链”治理，坚持综合治理和系统治理相结合，不断加大监管力度，深入开展打击治理工作，持续提升支付行业风险防控水平，在阻断犯罪“资金链”方面取得重大进展。

一是顶层设计不断完善。制定印发《电信网络诈骗和跨境赌博“资金链”治理工作方案》，提出金融行业29项治理措施，全面加强各部门“资金链”治理合力。二是主体责任进一步压实。按照“谁的账户谁负责”压实风险防控主体责任，组织银行、支付机构重点针对“一人多卡”、睡眠账户等开展排查清理，向公安部门移送与涉案特征高度吻合的可疑账户430万户，推送资金预警信息242.8万条。三是技防能力有效提升。利用监测系统挖掘高风险线索，并对风险账户及时核实后采取管控措施。推动商业银行应用人脸识别核验账户实人使用，多家银行已建立人脸识别核验工作机制，风险监测拦截能力不断提高。四是联防联控治理体系不断完善。持续完善电信网络新型违法犯罪交易风险事件管理平台功能，推动涉赌账户快速查询功能正式上线，协助公安机关开展资金查控、止付冻结等，大幅提升追赃挽损效率。会同工信部、市场监管总局、税务总局运行企业信息联网核查系统，累计核验1.1亿笔，极大强化企业账户风险防控力度。五是公众认知度不断提升。组织开展“反诈拒赌、安全支付”主题系列宣传，切实增强社会公众防诈反赌意识。

专栏5

深入治理电信网络诈骗“资金链”
牢牢守护人民群众“钱袋子”

中国人民银行坚决贯彻落实习近平总书记重要指示精神，按照国务院联席会议的部署，组织商业银行、支付机构、清算机构主动作为，协助公安机关阻断诈骗资金

转移通道。中国人民银行易纲行长、郭树清书记高度重视，从提高政治性、增强人民性的高度，在守护群众“钱袋子”方面，取得了显著成效，金融行业常态化反诈治理格局基本形成。2021年，金融系统识别拦截资金能力明显上升，成功避免大量群众受骗，月均涉诈单位银行账户数量降幅达92%，个人银行账户户均涉诈金额下降21.7%，主要有五个方面的工作：

一是建立支付体系反诈防控制度。中国人民银行会同公安部经过长期调研，提出了29条“资金链”治理措施，两个部门办公厅联合发布文件，从压实责任、完善法治保障、深化科技手段等方面提出了建立支付全链条反诈长效治理机制。完善银行账户和支付账户管理制度，建立账户分类分级管理体系，夯实账户实名制，建立涉诈交易监测、识别和拦截制度，加强支付机构监管。

二是精准阻断涉诈资金转移。中国人民银行会同工信部、市场监管总局、税务总局建设运行了企业信息联网核查系统，加强企业账户风险监测，2021年核验信息7,440万笔。商业银行、支付机构按照“谁的账户谁负责”“谁的商户谁负责”“谁的钱包谁负责”，全面排查清理长期不动户、频繁开销户等异常账户，不断提升监测拦截涉诈资金能力。在诈骗犯罪多发的中缅边境地区，中国人民银行会同公安部门探索运用新技术协助锁定1,768名跨境资金转移“背包客”。2021年，中国人民银行支付结算部门会同反洗钱、外汇管理部门向公安机关移送涉诈可疑账户430万户、新建监测模型1.3万个，拒绝涉诈可疑交易1.3亿笔。

三是最大限度为群众追赃挽损。中国人民银行建设了电信网络诈骗资金查控平台，2021年，商业银行、支付机构根据公安部门的查询、止付、冻结指令，查询、止付、冻结涉诈资金1.5亿笔，紧急拦截涉诈资金3,291亿元。商业银行向公安机关推送涉诈受骗资金交易预警信息242.8万条，避免大量群众向涉诈账户转账。会同国家反诈中心建立涉诈风险监测拦截机制，组织商业银行对涉诈收款账户实时监测，直接拦截。

四是协助公安机关打击买卖账户行为。商业银行向公安机关提供到银行网点异常开户的卡贩线索8,872条。组织商业银行、支付机构对公安机关认定的5.2万个非法买卖账户的单位和个人，实施五年不得新开户等惩戒。指导中国银联建立系统开展“一键查卡”试点，为个人提供跨行账户信息查询服务72万余次，便利了个人管理名下的银行卡。

五是坚持风险防控和优化服务两手抓、两手硬。坚决治理因为防控过度而出现的开户难问题，印发了优化小微企业和个人银行账户服务的指导意见，提出简易开户、使用存量账户等34项措施，在防风险的同时优化服务，持续便利人民群众资金转账服务。

下一步，中国人民银行将深入贯彻党中央、国务院决策部署，全面落实金融行业打防管控各项措施，践行“金融为民”初心使命，织密金融行业风险防控网，牢牢守护人民群众“钱袋子”。

三、强化支付市场日常监管

（一）规范开展支付结算执法检查

2021年，中国人民银行坚持依法行政，将党中央、国务院决策精神贯彻落实到具体检查中去，注重发挥监管合力，配合打赌反诈，开展以案倒查，剖根析源，推动支付市场环境更好发展。

1. 完善执法检查工作机制。一是建立健全支付结算执法风险防控体系，细化执法检查的廉洁、保密纪律等各项要求，增强纪律约束力，规范制度执行力、切实做到公正用权、依法用权、廉洁用权。二是坚持“依法依规、风险为本、分级负责、法人监管”工作原则和“三必查”工作要求，强化对辖内风险突出机构的检查力度，做到应查尽查。

2. 突出检查工作重点。一是紧盯支付结算关键领域，将引导支付回归本源、维护支付市场公平竞争、防止资本无序扩张、降低小微企业支付手续费、优化账户服务和业务系统管理、提高银行账户服务质效等八项惠企利民政策的落实作为检查重点。二是紧盯涉赌涉诈风险点，加大关系群众切身利益的重点领域执法检查，守好人民群众的“保命钱”“救命钱”，对群众反映强烈的突出问题“紧盯不放”。三是总结银行账户、支付账户、可疑交易、风险防控等检查经验和技巧，发布降低小微企业支付手续费、银行账户风险管理和优化服务等现场检查工作指引。

3. 发挥监管合力。一是充分发挥支付结算、反洗钱等多部门联合监管作用，2021年，中国人民银行综合检查共处罚支付机构违规42家次。二是建立完善涉赌涉诈移送工作机制，关注公安、网信办等部门移交涉赌涉诈线索，指导对相关银行、支付机构开展现场检查。

（二）综合施策做好举报处置工作

2021年，中国人民银行持续做好支付领域举报跟踪、分析、落实工作，逐人、逐件、逐机构调查核实群众反映问题，支付领域投诉举报数据同比大幅下降。一是规范信访举报接访工作，聚焦支付领域举报投诉热点和高频问题，将信访中常见常用的沟通用语、群众诉求、法院判例、答复口径，以及可能的突发情形及处置方式等汇编成册，有针对性地为群众释疑解惑。二是做好投诉举报分类处理工作，针对重复举报与多次举报问题，分类施策；密切关注举报中群众反映强烈的突出问题和苗头性、倾向性问题，研究提出改进建议和应对措施；做好重要时点的“风险”排查，将矛盾发现在早、防范在先、处置在小，全面防范缠访闹访风险。三是调动社会监管与行业自律合力，指导支付清算协会发挥行业自律机制作用，做好受理举报、实施自律惩戒和奖励等工作。

（三）推动支付服务市场提质增效

2021年，中国人民银行深入推进非银行支付服务市场供给侧结构性改革，积极稳妥优化非银行支付市场结构，切实防范化解风险。遵循“总量控制、结构优化、提高质量、有序发展”的思路，引导9家机构退出支付服务市场，从严、审慎完成90家支付机构续展工作，批复29家支付机构股权结构、注册资本变更等事项，持证机构数量下降至223家，支付服务市场逐步迈向高质量发展阶段。

（四）强化支付受理终端管理

支付受理终端安全性和合规性对保障支付信息与资金安全具有重要意义。近年来，人民银行先后发布银行卡收单业务、受理终端安全、条码支付业务等系列制度，对维护收单市场秩序、保护社会公众信息和资金安全发挥了积极作用。2021年，为有效提升支付受理终端及相关业务风险管理水平，有力阻断跨境赌博等犯罪“资金链”，保护消费者合法权益，中国人民银行印发了《关于加强支付受理终端及相关业务管理的通知》，从多主体、多维度进一步规范支付受理终端与特约商户管理，比如围绕银行卡受理终端全生命周期管理，按照“谁的终端谁负责”“谁的网络谁负责”压实收单机构关于收单业务的主体责任和清算机构关于本网络秩序的维护责任；遵循同类业务同等标准的原则，结合条码支付受理终端与传统银行卡受理终端异同点，对特约商户条码支付受理终端实施分类管理；在防范风险的前提下，对于个人收款条码提出针对性要求，更好发挥收款条码的普惠性、便利性等，旨在立足支付市场主体不同职责，加快推动形成各司其职、多方共治的管理体系。

（五）强化支付机构日常监管

为防范支付风险，切实保障客户合法权益，2021年中国人民银行不断强化支付机构风险监测处置，有效维护了支付市场秩序。一是全面强化支付机构客户备付金监管。中国人民银行印发《非银行支付机构客户备付金存管办法》，进一步明确业务流程、职责划分，有序推进备付金存管和风险监测工作，提高各参与主体间协作效率，切实保护消费者资金安全和合法权益。二是规范重大事项报告行为。为实现风险“早发现、早预警、早处置”，增强人民银行风险监测分析能力及监管主动性，中国人民银行印发《非银行支付机构重大事项报告管理办法》，规定了重大事项范围、报告时限、对象、内容、义务等，提高了支付市场风险甄别、防范和化解能力，维护了支付市场稳定。三是有序完成支付机构分类评级工作。组织完成228家支付机构2020年度分类评级工作，根据评级结果确定监管重点，采取差异化监管措施，对引导支付机构加强合规意识、提升内控水平、促进市场有序健康发展发挥了重要的激励作用。

四、强化支付清算市场监管

为维护规范发展、有序竞争的支付清算市场环境，中国人民银行全面强化支付系统业务管理和参与者管理，切实防范支付清算风险。一是维护清算市场公平竞争秩序，指导各清算机构聚焦主责主业，在核定业务范围内开展业务，按照“客户无感、平稳过渡”原则，有序做好业务承接工作推动形成深耕细作、有序竞争的清算市场环境。指导农信银代理村镇银行接入支付系统，助力村镇银行提升金融服务水平，截至2021年末，已完成33家村镇银行签署代理接入人民银行支付系统协议。二是强化安全保障能力，扎实开展原同城清算系统业务承接“回头看”，组织清算机构优化运维管理机制，做好系统风险排查整改，加强业务连续性日常监测和报告。圆满完成“两会”、春节、国庆、“双十一”等重要时期业务连续性保障，成功应对业务峰值、新冠肺炎疫情、突发自然灾害等多重考验。

五、充分发挥行业自律作用

2021年，中国支付清算协会自律管理力度不断加大。一是多措并举开展打击电信网络诈骗、跨境赌博资金链治理工作。推动涉赌线索的持续监测和排查，上线涉赌网站支付渠道风险排查系统，多次组织开展风险排查工作，以查促改，精准封堵涉赌风险漏洞，全年共排查出涉赌账户8,378个、涉赌商户127个。优化涉赌交易信息与结算资金风险联查机制工作措施，升级改造风险事件协查管理系统，全年共开展48批次自查和42批次联查工作，发现涉赌可疑交易记录38.9万条，还原涉赌资金链路415条。二是广泛开展打击治理电信网络诈骗、跨境赌博宣传教育活动。公布跨境赌博资金转移的主要手法和典型案例，与会员单位联合开展宣传，反赌反诈宣传文案触达500万人次以上；发放宣传折页超过70万册，发送提示短信2.49亿条；持续发布16期反欺诈宣传漫画和视频，通过微信公众号推送14篇电信网络诈骗案例。以“6・29全国反欺诈宣传日”为契机，以“守护老幼，远离欺诈”为主题，集中开展反欺诈主题宣教，触达量累计超过2.14亿次，快速形成浓厚的反诈拒赌氛围，提高了广大人民群众反诈拒赌意识。三是发挥自律管理机制合力。综合运用自律规范、自律评价、自律检查、举报奖励等手段，引导会员单位合规经营、规范发展。2021年完成220家支付机构自律评价工作，组织针对660余家机构开展了非现场自律监督检查。全年共接到举报2,994件，同比下降36.4%；加大举报查处和惩戒力度，对137家次违规机构实施警告、约谈高级管理人员、通报批评、责令整改等自律惩戒措施。对举报较多的重点违规机构、举报反映的重点问题，在行业内进行通报，形成震慑和警示。四是进一步完善收单外包服务领域自律管理机制。修订《收单外包服务机构评级指引》，组织完成2020年度收单外包服务机构评级工作，发布8,926家外包机构评级等级，同比增长36.05%。组织会员单位有序取消与评级等级为E级外包机构合作，取消率达80%，正向激励作用有效发挥。持续推进外包机构备案管理工作。截至2021年底，已备案外包机构1.34万家。完善对备案机构的自律管理，组织制定《收单外包服务机构自律规范》，提高外包服务机构发展规范化水平。五是深化行业风险联防联控。建立行业风险信息共享联防工作联席会议机制，及时发布加强行业信息共享、防范为恶意扣款提供资金结算服务等风险提示。有效运用科技手段，深化行业风险信息共享，截至2021年底，行业风险信息共享系统新增有效风险信息59.42万条，推送4,742条商户黑名单信息，参与机构采取清退等措施进行处理的近4.1万条。推进特约商户信息管理系统升级改造，修订配套管理办法，健全特约商户信息共享联防机制，更好满足收单机构商户准入审核和风险防控等需求。截至2021年底，特约商户信息系统新增1,041万条基本信息，参与机构累计发起2,651万次查询，查得率为50%。

案例1

中国人民银行分支机构强化源头治理打击电信网络诈骗成效显著

上海总部采用“一条专线、两套名单、三个机制、四项创新”综合治理电信网络诈骗。一是搭建一条警银信息共享专线，提升银行账户风险处置效率。铺设中国人民银行上海总部与上海市公安局的双向数据共享专线，依托城市金融网向全市银行提供信息交互服务，有效提升警银协作效率。二是推行两套银行账户管理名单，实现银行账户风险分类管理。区分黑名单、灰名单、白名单，实行分类管理。三是完善三个联合监管工作机制，增强打击治理电信网络诈骗合力。与上海市公安局签署《关于加强警银协作维护上海支付服务市场稳定合作备忘录》。完善信息共享机制。搭建上海市银行账户服务信息系统，与上海市企业工商登记信息数据库直连，开展一企多户、一址多户、一人多户、一手机号多户等可疑特征企业监测。四是推动四项创新举措落地试点，发挥上海打击治理示范作用。试点简易开户服务、试点电子营业执照与电子印章同步应用、试行企业银行账户分类分级管理、推出“一键查卡”服务，指导中国银联基于“云闪付”APP率先向上海地区用户提供本人银行卡开户查询服务。

济南分行打防并举，持续增强账户风险防控能力。一是源头治理，压降存量账户风险。联合山东省公安厅建立涉诈账户快查快处机制，实现涉案账户“每日移、快速控、延伸查”，提升涉案账户处置效率。实施涉案账户“开户机构倒查—属地人民银行核查”责任倒查机制，压实账户管理主体责任。二是强化技防，遏制新增账户风险。持续发挥山东省银行结算账户信息管理系统、风险监测工具作用。及时更新全省风险信息数据库，实现风险信息全省共享共用。三是联防联控，加大打击治理力度。实施涉案账户查控7×24小时紧急联系人机制，联合公安、市场监管、银行等部门开展涉案公司对公账户集中整治。联合省公安厅对涉案账户较多银行、地市开展集中约谈与现场督导。四是宣传教育，营造防诈拒赌好氛围。采取账户风险防控沙龙活动、在线测试、专题培训、知识竞赛等方式，持续提升银行从业人员风险识别与防范能力。切实落实开户告知和承诺机制，从源头上增强公众依法使用账户法律意识。

案例2

网联清算公司强化支付系统安全管理　筑牢安全发展屏障

2021年，网联清算公司坚决贯彻党中央、国务院决策部署，全力落实中国人民银行工作要求，恪守“支付为民”初心、树立“支付为国”理念，支持监管政策有效落地，主动防范化解金融风险，全面筑牢安全发展屏障，保障行业安全稳定运行。

贯彻支持监管政策有效落地。一是全力落实中国人民银行关于支付机构断开支付工具和其他金融产品不当连接的工作要求，支持成员机构制定整改方案及迁移计划，向行业提供完整、畅通的合规展业链路，有效维护金融秩序。针对信息黑箱，健全行业业务、技术标规，制定行业交易信息报送规范，细化交易信息填报标准，按月开展信息质量评估，明确交易信息完整性、一致性、可追踪性，推动实现资金流与信息流可匹配、易追溯，为监管提供有力抓手。二是持续推进条码支付互联互通，推动重点银行、支付机构投产上线条码支付互联互通功能，支持市场主体各归其位、互认互扫，公平有序开展条码业务。

切实保障业务连续性，严格落实安全生产责任。一是圆满完成行业峰值保障。牵头行业制定落实保障方案，抓实预案制定、验证演练等环节，实现全网全链路平稳支撑春节红包、“双十一”等行业峰值。二是强健安全防护体系。成立网络安全与信息化委员会，公司主要负责人任主任，管理（M）、运营（O）、服务（S）、技术（T）4个职能条线共建“MOST”协作机制，在防火墙、外联网络等关键领域加厚安全防线，在中国人民银行突击式机房隔离演练中，切换操作速度排名第一，安全防御能力持续提升。三是严格落实安全生产责任制。构建监管部门、清算机构多维联动机制，推出涵盖监控、排障、变更、预警功能的联合运维核心产品服务，提升行业应急联防联控水平。

全力保障金融安全，助力防范化解金融风险。一是纵深推进反赌反诈。通过部署涉赌涉诈风险监测模型、建设风险联防联控系统、组建行业联合工作组等有效举措。截至2021年末，累计识别可疑商户、账户20余万个，排查9万余个可疑商户、账户线索，推动成员机构关闭1.9万个风险商户、账户，精准预警阻断非法资金转移，切实维护人民群众财产安全。二是织牢织密金融风险防范网。组织成员机构落实代收业务整改监管要求，有效规范市场行为。建成支付交易风险防控系统，健全实时交易管控工具和准实时监测预警模型。

第四部分
着力提升支付服务水平

- 适当降低小微企业支付手续费
- 提升银行账户服务质效
- 持续优化非现金支付服务
- 持续推进支付普惠进程

2021年，中国人民银行坚持“支付为民”理念，深入贯彻落实党中央、国务院关于做好“六稳”工作、落实“六保”任务的决策部署，积极推动支付领域供给侧结构性改革，提升支付服务水平，推动实体经济发展，助力优化营商环境。降低小微企业、个体工商户支付手续费，进一步引导支付行业向实体经济让利；创新账户服务举措，推进银行账户服务提质增效；纵深推进移动支付便民工程建设，大力推动非现金支付服务持续发展；坚持支付服务普惠性，持续优化农村支付环境、弥合“数字鸿沟”。

一、适当降低小微企业支付手续费

新冠肺炎疫情暴发以来，中国人民银行围绕做好“六稳”工作、落实“六保”任务，贯彻落实国务院关于降低小微企业和个体工商户支付手续费工作部署，引导支付行业向实体经济让利，降低市场主体经营成本，优化实体经济发展环境。2021年6月，中国人民银行会同银保监会、发展改革委、市场监管总局印发《关于降低小微企业和个体工商户支付手续费的通知》，指导行业协会发布降费倡议书，推出银行账户服务、人民币结算、电子银行、银行卡刷卡、支付账户服务5方面12条降费政策。围绕提升降费政策惠及范围，督促支付服务主体持续加强价格信息披露，全面提高政策知晓度和可及性，建立误收费容错机制，实施配套退费措施，做到应免尽免、应减尽减，确保降费政策不打折扣、应享尽享。截至2021年末，各类型支付服务主体共向实体经济让利约88.2亿元，累计惠及市场主体近7,500万家。

二、提升银行账户服务质效

（一）推进本外币合一银行结算账户体系试点

2021年7月，中国人民银行组织广州、杭州、福州、深圳四市235个银行网点启动本外币合一银行账户试点，促进贸易投资便利化和人民币国际化，为宏观审慎管理框架奠定账户基础。目前试点运行平稳，社会反响良好，截至2021年末，累计开立本外币合一单位账户3.8万户，办理人民币资金收付16,063.3亿元，外币资金收付141.79亿美元。

专栏6

开展本外币合一银行结算账户体系试点
助推跨境贸易和投资便利化

为助推跨境贸易和投资便利化更进一步，中国人民银行自2021年7月起组织在广州、杭州、福州和深圳4个城市开展本外币合一银行结算账户体系试点，探索建立具备多币种结算功能、适应人民币国际化和外汇管理需要的本外币合一银行结算账户体系，进一步提升市场主体跨境贸易投资结算便利度。

一、试点背景及概况

银行账户是企业开展经营活动、获取各项金融服务的重要基础。长期以来，我国实行人民币银行账户、外汇银行账户分割管理模式，一个银行账户仅支持为单一币种结算，且不同币种银行账户在开立、变更、撤销等方面的管理要求差异较大。企业基于不同币种资金结算需求，需要分别开立多个银行账户，不仅增加了财务管理成本，也影响了资金统筹运转效率。2021年9月，国务院印发《关于推进自由贸易试验区贸易投资便利化改革创新的若干措施》，明确提出在自由贸易试验区开展本外币合一银行账户体系试点，实现本币账户与外币账户在开立、变更和撤销等方面标准、规则和流程统一。

为切实提升金融服务实体经济水平，助推跨境贸易和投资便利化，中国人民银行按照积极稳妥、风险可控的原则，研究制定《本外币合一银行结算账户体系试点工作方案》和《本外币合一银行结算账户体系试点办法》，自2021年7月起，组织在广州、杭州、福州和深圳4个城市启动试点工作，共选取当地工商银行、农业银行、中国银行、建设银行和招商银行5家银行的235个银行网点参与试点。试点开展以来，相关账户业务运行平稳，社会反响良好，截至2021年12月末，试点银行累计开立本外币合一单位账户3.8万户，办理人民币资金收付16,063.3亿元，外币资金收付141.79亿美元。

二、试点主要做法

一是构建本外币合一银行结算账户体系。以现行人民币银行结算账户体系为基础，兼顾外汇管理要求，统一本外币银行结算账户分类。在单位银行账户方面，将单位外汇账户暂纳入专用存款账户范畴。在个人银行账户方面，将个人外汇账户纳入Ⅰ类个人银行账户范畴。

二是统一本外币银行结算账户业务基本规则。以人民币银行结算账户业务基本规则为基础，统一本外币银行结算账户开立审核的基本要求，突出银行结算账户管理协议的作用。统一本外币银行结算账户信息变更和撤销规则。

三是提升本外币银行结算账户业务便利性。企业可以根据自身经营和财务管理需要，自主选择使用多币种结算的银行账户管理本外币资金，或者使用单一币种结算的银行账户分别管理本币资金和外币资金。其中，多币种结算的银行账户支持企业“跑一次银行”“填一张表”，并在使用中实现“一个账户展示本外币资金”。

四是加强本外币银行结算账户全生命周期管理。指导银行建立健全覆盖事前、事中、事后的本外币银行结算账户全生命周期管理机制。事前，强化开户审核和尽职调查；事中，开展动态复核，强化风险监测；事后，严格责任追究及考核。

三、取得的成效

一是本外币银行结算账户开立更高效，减轻企业负担。试点统一了本外币银行结算账户基本业务规则，支持企业通过一个账户对多币种资金进行收付结算和集中统一管理，减少了开户数量，提升了开户效率，涉外企业金融服务满意度显著提升。

二是本外币资金结算更便利，助力企业开展跨境贸易和投资。企业可以使用一个账户统筹管理本外币资金，办理跨境贸易、投资业务资金结算的便利化水平有效提升，为市场主体“走出去”和“引进来”提供了积极助力。

三是金融产品和服务更丰富，为银行升级服务赋能。依托本外币合一银行结算账户体系，银行可以进一步开展探索创新，优化完善“存、贷、汇、兑、池”全场景金融服务，提供更多直达实体经济、支持涉外企业发展的金融产品。

下一步，人民银行将在总结试点经验的基础上，稳步扩大试点范围。同时，会同国家外汇管理局探索实施本外币资金一体化管理，持续提升对外贸易投资结算便利化水平。

（二）持续创新账户服务模式

企业开户环节应用便捷化技术手段。鼓励商业银行持续推广网上银行、手机银行、微信公众号等电子渠道预约开户服务，支持银行开户预约系统与地方企业开办平台联网，畅通企业线上预约开户渠道。引导银行支持客户在线填写开户申请、预提交开户资料和银行在线预审核，最大程度精减纸质材料。深入推进电子营业执照、电子印章在开户环节应用，全年48.67万家企业使用电子营业执照和电子印章开立银行账户。

强化信息公示，提升服务透明度。指导商业银行公示开户资料、开户费用和开户时限，公示开户负面清单，公示本网点、上级行和人民银行分支机构“三级服务监督电话”，提升服务透明度，建立服务底线标准，接受社会监督。截至2021年末，公示负面清单的银行网点为17.7万个。

推动“云闪付”一键查卡试点。指导中国银联和银行机构在依法安全前提下提供跨行账户信息查询服务，实现个人快速查询全国开户情况。中国银联“云闪付”APP“一键查卡”服务在上海、云南进行试点，首批参与云闪付“一键查卡”试点的单位包括工商银行、农业银行、中国银行、建设银行等14家商业银行。截至2021年末，累计提供查询服务55万次。

（三）不断推进跨部门信息共享

加快企业信息联网核查系统推广应用。为进一步加强信息共享，推进账户服务便利化，中国人民银行加快企业信息联网核查系统推广应用，为银行核验企业信息真实性、有效性提供了权威渠道，有效提高开户审核效率。截至2021年末，213家商业银行接入企业信息联网核查系统，累计核查工商注册信息1.1亿笔。

深入推进非居民证件信息联网核查。为便利港澳居民、台湾居民、定居国外的中国公民、外国人办理银行业务，进一步落实账户实名制，中国人民银行上线并运行非居民证件信息联网核查系统，推进出入境证件在政务服务、公共服务领域的便利化应用，切实提升非居民在境内的获得感和满意度。

（四）提升特定人群账户服务满意度

为贯彻落实党中央、国务院决策部署，中国人民银行坚持“支付为民”理念，指导商业银行按照“两个不减、两个加强”原则，优化小微企业和流动就业群体银行账户服务，取得明显成效。目前，开户数量显著提升，开户流程明显优化，开户时间大幅压缩，开户投诉大幅下降，助力改善营商环境。2021年，全国新开立个人银行账户12.7亿户，同比增长23.2%。新开立企业银行账户1,395万户，同比增长20.5%，新设企业开户率

76.4%，同比上升3.2个百分点，开户用时缩减至1~3天，同比平均压缩60%。

简化流动就业群体开户。2021年，为贯彻落实党中央、国务院关于落实“六稳”工作、做好“六保”任务的决策部署，中国人民银行印发《关于做好流动就业群体等个人银行账户服务工作的指导意见》，通过支持跨行代发工资业务、便利本地银行账户异地使用、采取差异化的客户尽职调查方式、推行个人简易开户服务、利用有效数据核实客户身份等措施，保障流动就业等特殊群体开户权益，助力优化就业环境，切实解决流动就业群体等个人工资卡开户难问题，进一步提升账户服务满意度。

优化小微企业开户服务。2021年，为统筹做好优化小微企业银行账户服务和风险防控工作，进一步优化营商环境，中国人民银行印发《关于做好小微企业银行账户优化服务和风险防控工作的指导意见》，创新推出小微企业简易开户服务。鼓励银行于2021年底前参照《小微企业银行账户简易开户服务业务指引》，在前期试点基础上完成全面推行简易开户服务。截至2021年末，全国已有12.6万个银行网点提供简易开户服务。

专栏7

探索简易开户新模式　破解小微企业开户难

银行账户是企业获取各项金融服务的重要基础。2021年，中国人民银行进一步贯彻落实“放管服”改革要求和优化营商环境决策部署，指导商业银行按照分类分级管理的思路，探索小微企业简易开户服务新模式，确保银行账户“应开尽开”，支付服务“应享尽享”，以优化开户服务“小切口”，满足小微企业金融服务“大需求”。

一、问题导向，精准聚焦小微企业开户难

商业银行对其开立的账户承担管理主体责任，在开户时按照“了解你的客户”原则识别客户身份，具有合理性和必要性。但长期以来，商业银行并未针对客户特点采取差异化尽职调查措施。随着近年来经济社会快速发展，对于大量新涌现的无固定经营场所、无办公物料、无办公人员等互联网新业态的初创小微企业，商业银行也以“一刀切”的方式，提出不合理或超出必要限度的审核要求，导致出现小微企业“开户难”的呼声。

二、试点先行，探索简易开户服务新模式

针对上述问题，中国人民银行指导商业银行按照“两个不减、两个加强”原则，推行简易开户服务，靶向治理小微企业开户难问题。

简易开户是指商业银行按照分类分级管理的思路，适当放宽开户条件，简化小微企业开户初期的辅助资料要求，初始开立功能相对简单的账户，待后续企业进入正常生产经营、商业银行补充完善客户尽职调查后再升级为普通账户。与此同时，商业银行加强后台数据核实和风险防控，建立事前承诺、事中监测和事后管理的账户全生命周期管理机制。

2021年初，中国人民银行首先在北京、上海、广州、深圳、重庆和杭州6个城市开展小微企业简易开户服务试点，随后在全国有序推广。为巩固试点成效，2021年10月，中国人民银行在《关于做好小微企业银行账户优化服务和风险防控工作的指导意见》中明确要求商业银行推行小微企业简易开户服务，将该项创新业务模式上升为制度要求，并同步印发《小微企业银行账户简易开户服务业务指引》，进一步推动优化银行账户服务，建立健全账户分类分级管理体系。

三、“两难”变“两利”，银行账户服务质效明显提升

实践证明，简易开户服务实现了安全与效率的有机统一，将商业银行开户被不法分子用于涉诈涉赌、不开户则影响小微企业金融服务的“两难”问题，变成了同步提升小微企业开户服务质量和做好涉诈涉赌风险防控的“两利”局面。

一是针对初创小微企业特点定向施策，让商业银行“敢开户”。在简易开户模式下，通过建立分类分级管理机制，允许商业银行合理控制账户非柜面转账等风险较高的功能，降低了账户涉赌涉诈风险。

二是企业开户效率大幅提升，商业银行服务小微企业和实体经济质效持续提升。商业银行通过简易开户大幅减少了小微企业开户环节，缩减了开户时间。在小微企业提供开户资料齐全，无异常或者可疑情形的情况下，当场即可完成开户手续，小微企业的开户服务体验明显提升。

三是商业银行主体责任更加夯实，自主风险管理意识和能力不断增强。简易开户服务是商业银行“风险为本”管理理念的具体体现，使商业银行对风险分类分级管理，利用大数据对客户画像，利用账户功能控制实现风险精准防控，自主风险管理意识不断增强，风险防控手段更加丰富，做到便利与安全两不误。

三、持续优化非现金支付服务

（一）扎实开展冬奥会支付服务环境建设

中国人民银行积极践行“支付为民”理念，指导银行、支付机构、清算机构扎实推进冬奥会支付服务筹备工作。推进冬奥场馆、定点酒店的外币卡受理、外币兑换、ATM取现等各项服务配备，健全赛时服务保障、风险监测、应急处理等机制，全面提升涉奥金融服务质效。截至2022年2月23日，闭环区域内累计发生金融业务37.14万笔，金额合计1.31亿元。其中ATM外卡取款3,619笔，共计373.71万元；外卡POS消费18.97万笔，共计6,284.57万元；外币代兑1,193笔，共计185.95万元。

专栏8

扎实筹备　精准服务　为冬奥会圆满举办提供坚实支付保障

举办2022年北京冬奥会是党中央、国务院作出的重大战略部署，是我国“两个一百年”历史节点的标志性事件。中国人民银行作为冬奥会筹备组成员单位之一，肩负“金融与支付服务”主责，责任重大、使命光荣。为落实落细各项筹办任务，全力支持冬奥会圆满举办，中国人民银行牵头成立冬奥会支付服务环境建设领导小组，周密制定工作方案和指导意见，多次组织召开专题会议有序推进，并深入北京、张家口实地调研指导，有力组织协调银行、支付机构、清算机构等市场各方建设完善冬奥支付服务环境，全面、精准、高效满足冬奥会支付服务需求，为奥运盛会圆满成功提供了坚实支付保障。

一是需求导向，迅速优化工作方案。在新冠肺炎疫情影响下，冬奥会办赛策略持续更新，支付服务需求也随之不断调整。中国人民银行以冬奥组委疫情防控和支付服务需求为工作底线标准，迅速调整优化工作方案，始终以最严要求、最高标准清单式落实金融与支付服务筹备工作，确保了冬奥场馆、定点酒店的外卡受理、外币兑换、ATM取现、数字人民币等各项服务按时配备到位。

二是周密筹备，全力保障服务质效。精准对接冬奥组委支付服务需求，指导中国银行新建5个冬奥临时网点，发布涉奥、涉外账户服务指引，开辟冬奥专属账户服务“绿色通道”，充分便利外汇服务，满足涉奥境外来华人员金融服务需求。同时，建立健全赛时金融服务保障、风险监测、应急处理等多项工作机制，为周到细致提供赛时各项金融与支付服务做足准备。

三是以点带面，持续优化支付环境。以冬奥会筹办为契机，推动北京、张家口冬奥定点医院、火车站、客运站、5A景区等场景本外币银行卡、移动支付全覆盖，保障重点场所ATM外卡取现全支持，全面提升涉奥城市支付服务广度和深度。

（二）推进移动支付便民工程纵深发展

中国人民银行认真践行“支付为民”理念，持续深化支付服务供给侧结构性改革，充分发挥各银行、支付机构、清算机构的主观能动性，凝聚合力在全国范围进一步推动移动支付在便民服务领域广泛应用和互联互通，提升境外人员境内移动支付服务便利度，更好地服务社会民生和实体经济发展。

银行业统一标准移动支付规模持续扩大。截至2021年末，云闪付APP累计注册用户超过4.5亿户，月活跃用户峰值近8,000万户；云闪付APP等银行业移动支付已覆盖1,700余个城市和县区公交，686家三甲医院，2,700多个5A和4A景区，24个省市一网通办服务。对外推出全新升级的银联手机闪付，2021年，卡码合一相关手机闪付NFC及二维码交易笔数4.59亿笔，同比增长7%；其中“卡码合一”相关二维码交易增长显著，全年交易共计3,059万笔，同比增长101%。

推广移动支付便民工程引领县建设。2021年，中国人民银行指导中国银联持续建设及运营引领县，推动引领县支付受理环境持续优化。截至2021年末，96个引领县支付月活用户数137.45万，同比提升20.38%，移动交易笔数16,307.18万笔，同比提升58.08%，引领县移动交易规模对县域整体移动交易规模的贡献率为16.08%。同时，建设并运营引领县重点商业街区，截至2021年末，96个引领县均实现至少一条重点商业街区的受理和特色宣传全覆盖，且均实现交易同步提升30%的目标。

保障短期入境客户群体支付体验。积极推动境外个人移动支付便利化试点，推动试点银行为短期入境游客办理“旅行通”卡，可绑定云闪付APP使用，持续提升入境游客移动支付体验和满意度。持续做好粤港澳大湾区五个移动支付项目推广应用，推进大湾区场景建设互联互通，丰富粤港澳深度合作区受理场景，加强日常民生类重点场景建设。截至2021年末，五家港澳钱包累计成功交易925.77万笔，金额15.23亿元。

专栏9

行业聚力　支付为民　移动支付纵深发展

近年来，中国人民银行秉持“支付为民”理念，积极推动我国移动支付纵深发展、普惠民生。2021年，我国共办理移动支付业务10,624.0亿笔、845.2万亿元，同比分别增长23.4%和22.8%。随着扫码支付、银联闪付、移动互联网支付等多样化移动支付方式的普及应用，很多人已可以“一部手机走天下”。移动支付纵深发展，更加凸显了支付服务实体经济发展和民生改善的“基础”和“外溢”作用。

一是移动支付便民水平显著提升。近年来，在中国人民银行的支持和引导下，银行、支付机构和清算机构不断深耕各类移动支付便民场景，我国“移动支付+”生态日趋完善，有效助力支付产业更好服务实体经济发展和民生改善。目前，移动支付服务已基本覆盖城乡居民主要生活场景，特别是交通、餐饮、零售、教育、医疗、公共缴费等与民生密切相关的日常生活领域，持续满足人民群众安全、便捷、高效的支付服务需求。2021年，中国人民银行进一步聚焦老年人支付服务短板和需求，大力督导支付服务主体提升移动支付服务适老化程度。银行和大型支付机构纷纷推出移动支付APP“关爱版”“长辈模式”等，着力提升老年人在交通、购物、医疗等日常生活场景的支付便利化程度，让移动支付“便民无温差”，切实弥合支付领域“数字鸿沟”。

二是移动支付外溢效应日益凸显。移动支付降低了交易成本，提高了交易效率，促进了电子商务、快递外卖、共享出行等新经济新业态蓬勃发展，为产业转型提供了新路径，带动了新增长；在移动支付便民工程推动下，城市商圈、街区支付服务场景更加健全完善，为促进消费提质增效和规模增长注入了新机遇，增添了新活力；随着移动支付持续下沉县域农村地区，支付数据积累更为丰富，带来数字经济发展新潜力以及经济转型升级新动能。国际清算银行（BIS）调查显示，基于二维码支付数据的金融科技信贷创造了中国小微商户普惠金融新模式，将线下小微商户信贷可得率提升至80%；金融科技信贷也给小微商户的稳定经营带来了积极影响，在新冠肺炎疫情期间，获得信贷商户的交易恢复水平比未获信贷商户高出20%。

三是移动支付开放步伐持续加快。随着国家“一带一路”倡议的不断落实和推进，国内主要移动支付服务主体加快“走出去”步伐，目前我国移动支付服务已基本覆盖东盟国家。以中国银联、支付宝、财付通和部分中资银行为主的支付服务主体，从服务国内用户的境外商旅支付需求逐步向服务东盟国家本地用户延伸，不断丰富东盟国家的移动支付服务供给。

（三）推广银行卡普及应用

银行卡数量小幅增长。截至2021年末，全国共开立银行卡92.47亿张，同比增长3.26%。其中，借记卡84.47亿张，同比增长3.30%；信用卡和借贷合一卡8.00亿张，同比增长2.85%。人均持有银行卡6.55张，其中，人均持有信用卡和借贷合一卡0.57张。

银行卡受理环境逐步优化。截至2021年末，银联跨行支付系统联网特约商户2,798.27万户，较上年末减少96.48万户，联网POS机具3,893.61万台，较上年末增加60.58万台；ATM机具94.78万台，较上年末减少6.60万台。全国每万人拥有联网POS机具275.63台，同比增长0.68%，每万人拥有ATM机具6.71台，同比下降7.34%。

银行卡交易量稳步增长。2021年，全国共发生银行卡交易4,290.22亿笔，金额1,002.10万亿元，同比分别增长24.20%和12.85%。其中，存现50.47亿笔，金额38.41万亿元，同比分别下降7.14%和7.01%；取现75.56亿笔，金额37.46万亿元，同比分别下降9.10%和5.57%；转账业务1,846.00亿笔，金额790.26万亿元，同比分别增长19.81%和14.47%；消费业务2,318.18亿笔，金额135.97万亿元，同比分别增长30.52%和16.56%。全年银行卡渗透率为49.20%，较上年上升0.02个百分点。银行卡卡均消费金额1.47万元，同比增长12.87%；银行卡笔均消费金额为586.55元，同比下降10.70%。

银行卡信贷规模平稳增长。截至2021年末，银行卡授信总额为21.02万亿元，同比增长10.86%；银行卡应偿信贷余额为8.62万亿元，同比增长8.90%。银行卡卡均授信额度2.63万元，授信使用率为40.99%。信用卡逾期半年未偿信贷总额860.39亿元，占信用卡应偿信贷余额的1.00%。

（四）引导票据向电子化发展

2021年，电子商业汇票系统业务量保持稳定增长，电子商业汇票应用规模不断扩大。

2021年，全国共发生票据业务1.37亿笔，金额112.65万亿元，同比分别下降8.46%和9.00%。其中，支票业务1.10亿笔，金额89.89万亿元，同比分别下降12.90%和12.97%；实际结算商业汇票业务2,664.86万笔，金额22.26万亿元，同比分别增长16.61%和11.70%；银行汇票业务13.71万笔，金额1,393.52亿元，同比分别下降24.96%和7.81%；银行本票业务24.23万笔，金额3,554.83亿元，同比分别下降33.89%和14.93%。

电子商业汇票系统业务量稳步增长。2021年，电子商业汇票系统出票2,688.17万笔，金额23.52万亿元，同比分别增长20.56%和10.12%；承兑2,738.25万笔，金额23.99万亿元，同比分别增长20.58%和9.73%；贴现966.92万笔，金额14.99万亿元，同比分别增长33.47%和12.03%；转贴现1,456.28万笔，金额46.93万亿元，同比分别增长40.93%和6.41%。质押式回购275.18万笔，金额21.70万亿元，同比分别增长29.43%和11.06%。

“票付通”业务深化升级。2021年，上海票据交易所多措并举推进业务功能升级，进一步扩大金融机构和产业平台参与度。截至2021年末，累计11家合作金融机构、164家电票接入机构、44家B2B平台以及3,025户平台企业参与“票付通”，支付金额610.90亿元，支付金额较年初增长近3倍，实现业务量跨越式增长。通过打造多样化“票据支付+”业务新生态，推动“票付通”向供应链远端延伸，促进核心企业平台全年发起业务笔数和业务金额分别同比增长218.49%和537.66%。平台企业通过“票付通”支付的承兑行为中小金融机构的电票总额超过363亿元，同比增长474.83%，占支付总额的80.45%，占比远高于票据市场37.17%的平均水平，充分发挥了“票付通”普惠金融服务优势。

上线云闪付扫码开票功能。2021年，中国人民银行指导银联上线云闪付开票助手，实现线上扫码开票能力，为收单机构及商户提供“支付+开票”服务，支持上千万户商户进行扫码开票。

四、持续推进支付普惠进程

（一）优化农村支付服务环境建设

2021年，中国人民银行认真贯彻落实《中共中央　国务院关于全面推进乡村振兴加快农业农村现代化的意见》，深入践行“支付为民”理念，进一步巩固规范发展银行卡助农取款服务，推广创新支付产品，推广涉农领域特色服务，持续提升农村支付服务水平，促进支付服务支持农业农村现代化发展，全面推进乡村振兴。

巩固农村助农取款服务。以银行卡助农取款服务为主体的基础支付服务基本实现村级行政区全覆盖，打通了“最后一公里”。同时，鼓励支持经办机构依托助农取款服务网络，因地制宜地叠加农村电商、金融知识宣传、反假币、代买火车票等服务，推动提升助农取款综合服务能力，进一步满足农民需求。截至2021年末，银行卡助农取款服务点数量81万个；2021年银行卡助农取款服务点共办理支付业务（含取款、现金汇款、转账汇款、代理缴费业务）4亿笔，金额3,486亿元。农村地区银行网点12.94万个，每万人拥有银行网点1.33个；ATM数量35万台，每万人拥有ATM 3.60台；POS机数量661万台，每万人拥有POS机67.85台。

推广创新农村支付产品。依托“乡村振兴主题卡”创新助农服务模式，2021年，中国人民银行持续指导中国银联、商业银行推广“乡村振兴主题卡”等特色产品，以支付为切入点和着力点，附加助农贷款、补贴发放、农产品生产销售、生活服务等特色服务，不断结合农民实际生产生活需求优化产品权益。

推广涉农领域特色服务。2021年，中国人民银行指导中国银联加快推广农产品收购业务，不断提升农产品流通环节的支付结算效率，重点打造了山东寿光蔬菜收购、海南白沙橡胶收购、宁夏同心枸杞收购、河南杞县大蒜收购等标杆场景。2021年，累计拓展收购商户1,506户，服务农户21.88万人次，交易金额51.28亿元。

专栏10

深入推进支付便民普惠　持续改善农村支付环境

巩固特色支付服务，推广创新支付产品。一是持续巩固银行卡助农取款服务。目前，以银行卡助农取款服务为主体的基础支付服务基本实现村级行政区全覆盖，打通农村支付服务“最后一公里”。在此基础上，鼓励和支持支付服务主体依托助农取款服务网络，因地制宜地叠加农村电商、金融知识宣传、反假币、代买火车票等服务，推动提升助农取款点综合服务能力。二是依托“乡村振兴主题卡”创新助农服务模式。2021年，中国人民银行持续指导中国银联和商业银行推广“乡村振兴主题卡”等特色产品，以支付为切入点和着力点，附加助农贷款、补贴发放、农产品生产销售、生活服务等特色服务，不断结合农民实际生产生活需求优化产品权益。截至2021年末，“乡村振兴主题卡”累计发行超过4,500万张。

优化支付基础设施服务功能。一是为农村金融机构办理中央银行存款账户业务开通线上服务渠道，实现现金存取、资金划转、准备金交存等业务在线办理，有效解决农村金融机构交通不便、业务办理成本高等问题。二是为农村金融机构提供中央银行账户资金归集服务，通过将其分支机构账户和法人账户进行绑定，实现人民币准备金存款的集中管理和使用，提升资金使用效率和节约流动性。三是通过金融基础设施互联互通，实现农村中小金融机构常备借贷便利业务券款对付（DVP）结算和再贴现业务票款对付结算，交易、质押、融资等环节全流程自动化处理，加速政策资金到账速度。

深化移动支付便民服务。一是指导银行、支付机构、中国银联深挖移动支付便民服务场景，纵深推进移动支付服务下沉至县域农村地区。特别是积极打造“移动支付引领县”，不断优化移动支付受理环境，覆盖公交、餐饮、便利店等居民日常生活场景。二是组织推进移动支付在农村特色产业、农产品收购等领域的应用，已成功实现在山东寿光蔬菜收购、海南白沙橡胶收购、宁夏同心枸杞收购等重点项目上的落地实施，促进了移动支付服务向服务农业生产、农村生态有效延伸。

（二）提升老年人支付服务便利化

为让老年人切实享受支付服务市场创新发展的红利，中国人民银行深入落实《关于提升老年人支付服务便利化程度的意见》，指导中国人民银行分支机构立足老年人支付服务短板和需求，从便利老年人办理支付结算相关业务、提升移动支付服务适老化程度、整治拒绝受理银行卡行为、加大移动支付相关宣传教育力度四个方面，督促辖内银行、支付机构提升老年人在交通、购物、医疗等日常生活相关支付场景的便利化程度，弥合数字鸿沟。

案例3

牢记支付为民　扎实推进减费让利惠民利企

中国支付清算协会积极倡导会员单位降低小微企业和个体工商户支付手续费。一是持续加强宣传引导，营造良好舆论氛围。联合发布降费倡议书以及配套新闻通稿，协调主流媒体广泛宣传。二是组织制定自律规范，夯实降费自律制度根基。将倡议书提出的降费项目和标准纳入自律规范，为降费政策实施奠定制度基础。三是发挥平台作用，为支付行业落实降费做好服务。组织会员单位对降费工作中的问题困难和应对措施进行分享交流，促进优秀经验做法的交流互鉴。四是多管齐下跟踪监测会员单位落实情况。通过书面调研、网站检索、电话调研、实地走访等多种形式跟踪监测会员单位落实降费政策情况，建立专项台账督导会员单位对标对表整改落实。

中国人民银行南京分行打造减费让利综合服务平台助力减费让利工作见成效。一是贴近用户需求，借助新媒体优势快速推广。“小微查”通过微信扫码或者搜索名称即可立即使用，免去下载、注册，降低用户门槛，有效配合了降费宣传工作的开展。二是创新使用功能，打造降费综合服务平台。“小微查”集合多项实用和创新功能，打造集成化、智能化、易操作的小程序平台，兼具企业类型查询功能、降费政策查询功能、降费优惠估算功能、降费政策宣传功能。三是自动采集数据，有效开展降费政策评估。程序可自动采集用户使用数据，对用户类型、区域分布、访问频次和深度、使用业务、优惠规模、政策宣传数量等数据进行统计分析。四是精准服务企业，助力支付降费惠企利民。指导辖内银行和支付机构将“小微查”纳入对公柜台员工、大堂经理等一线业务人员培训内容，在柜台摆放二维码，向到柜台办业务的有需求客户主动介绍使用方法，提升客户体验。五是广泛开展宣传引导。印制50万余份“小微查”的宣传折页，向小微企业和个体工商户集中的园区、集市等进行发放。通过银行企业网银APP、财政部门继续教育渠道等形式向小微企业进行精准和定向推广，扩大受众面。

案例4

中国人民银行胸怀“国之大者”
高位推进冬奥会支付服务环境建设

筹办北京冬奥会、冬残奥会是习近平总书记亲自谋划、亲自部署、亲自推动的国家大事，中国人民银行作为冬奥会筹备组成员单位，深入贯彻落实党中央、国务院重要决策部署，勇于承担“金融与支付服务”主责，牵头成立冬奥会支付服务环境建设领导小组，多次赴北京、张家口实地调研，指导人民银行营业管理部、石家庄中心支行科学制定服务方案，优质、高效完成冬奥支付服务保障任务，实现“零投诉”“零重大风险”。

营业管理部多措并举打造高效、安全、便利的冬奥会支付服务环境。一是提高政治站位，从“国之大者”的高度组织推动冬奥筹办工作。自2021年10月起，召开指挥部大会5次、专题及周调度会20余次，要求各参与机构将冬奥金融服务作为代表国家形象的大事高位组织推动。二是完善组织机制，牵头建立指挥体系、运行体系和支持保障体系。2022年1月4日，组织成立赛事运行指挥中心、各银行分中心。设立7×24小时赛时专属服务热线，启动应急联络人机制。制定本外币现金服务等多个专项工作方案，强化业务及防疫培训。三是强化部门间工作协调，快速完成闭环管理新增保障任务。布放POS机具2,669台、ATM75台。打造66个小型综合金融服务主体，涉奥人员足不出户，在几乎全部签约酒店均可获取本外币银行卡刷卡、ATM取现、本外币双向兑换和数字人民币服务。2022年1月4日，应急机制进入常态化实战运行。与主办银行视频连线，赛时实时调度。四是分批完成全要素全场景实战演练，冬奥金融服务无死角现场验收。五是数字人民币冬奥场景试点稳妥推进。冬奥组委园区及红线内数字人民币场景全部落地，红线外七大场景实现全覆盖。签约酒店和定点医院数字人民币场景受理环境建设全部完成。六是落实总局冬奥外汇“绿色通道”，提升用汇便利化水平。指导银行简化涉奥业务办理流程和材料，为冬奥相关机构外汇账户开立、资金汇兑等提供便利。七是构建舆情监测体系，应急处置工作高效有序，建立三级舆情监测体系，提前准备正面回应口径。

石家庄中心支行服务冬奥会张家口赛区支付服务环境实现跨越式提升。一是全力推进，多点发力，金融服务冬奥能力全面提升。优化账户服务、改善外币银行卡受理环境、推进移动支付创新试点落地，崇礼区布放支持受理外币银行卡的ATM80台、POS机3,900余台，拓展聚合支付商户3,400余户。开立数字人民币个人钱包、对公钱包700余万个，投产应用场景5万个。二是高站位、勇担当，全力确保支付服务环境建设有序推进。成立“北京冬奥会张家口赛区支付环境建设与赛时保障指挥部”，组织各银行机构成立指挥中心。按照“一店一策”总体思路，制定闭环管理签约酒店优化工作方案。强化应急管理，确保实现“零舆情”。制作电子指引地图和纸质版支付服务手册。加强舆情监测，关注各类媒体在采访新闻热点中表达的顾客办理金融业务方面的诉求。及时妥善处置好各类金融服务领域突发应急事件。

案例5

中国人民银行分支机构多措并举 扎实开展本外币合一银行结算账户体系试点

为促进贸易投资便利化，为宏观审慎管理框架奠定基础，中国人民银行2021年在广州、深圳、福州、杭州四个城市组织开展本外币合一银行账户体系试点工作。

广州分行探索“币种+账号”模式统一本外币银行账户业务基本规则。一是加强组织管理，稳步推进本外币合一银行结算账户体系试点。成立由分行行长任组长，相关部门负责人为成员的试点工作领导小组，强化组织保障和工作部署。组织试点银行向190家重点客户开展摸底调研，了解银行、用户对试点业务的需求。二是坚持市场导向，全方位提升本外币银行结算账户服务质效。制定试点业务操作指引，统一本外币账户开立、变更、对账、年检、久悬、撤销等全生命周期的基本业务办理规则，促进账户服务标准化、便利化。三是坚守风险底线，加强本外币银行结算账户的监管。制定试点业务监督管理方案，联合国家外汇管理局广东省分局组织成立联合督导组，采取“非现场监测分析+现场督导”相结合的方式，开展非现场监测分析。

杭州中心支行稳妥推进试点提升对外贸易投资便利化。一是强化组织领导，建立统筹推进机制。成立“一把手”行长任组长的试点工作领导小组，统筹推进试点工作。结合浙江实际，出台了试点“一个指引、四个方案”，为试点工作提供了制度保障。二是周密部署安排，高效完成试点准备。完成人民币银行结算账户管理系统升级，支持多币种银行账户信息的报送。组织对试点准备工作情况开展二轮验收。三是加大推广应用力度，扩大试点覆盖面。组织试点银行对有外币资金结算需求的客户进行全面梳理，精准分析客户资金结算需求。在此基础上，积极推进金融产品和服务创新。四是持续跟踪研判，密切关注试点情况。行领导亲自带队开展现场调研，深入了解试点银行、试点企业业务办理情况、存在的问题及意见建议。五是加强沟通宣传，营造试点良好氛围。通过召开企业座谈会、发放调查问卷、上门走访等方式全面了解企业银行结算账户服务需求。组织试点银行发布试点公告，扩大政策受益面。

福州中心支行牵头三省四市开展本外币合一银行账户体系试点。一是以健全工作机制为关键点，护航试点有效落地。成立“一把手”任组长的领导小组，分管行长靠前指挥，组建工作专班。夯实制度基础，结合实际制定福建省本外币合一银行账户体系试点实施方案、业务操作指引、监督管理方案、宣传方案、舆情应答口径、应急预案六大方案。二是以抓细业务准备为支撑点，保障试点稳步推进。升级自建福建省银政通系统，优化本外币账户资料报送、风险监测等功能。督促试点银行高效完成优化客户便利化体验的非柜面业务场景功能建设，周密开展试点验收，编制146项验收标准。三是以坚守支付为民为根本点，平衡账户风险和服务。依托福建省银政通系统，强化本外币合一银行账户的事中事后监测监管，并指导试点银行全面加强银行账户全生命周期管理。四是以加强政策解读为发力点，打通政策落地“最后一公里”。试点启动当天举办本外币合一银行账户体系试点启动仪式，刊发报道20余篇次。通过原创动漫和长图，以通俗易懂的方式为公众解读试点政策。

深圳市中心支行四项举措落实落细本外币合一银行账户试点。一是加强监管协作，完善组织保障。成立以“一把手”为组长的多处室跨条线联合试点工作领导小组，统筹、组织、协调和管理试点工作。二是综合考量试点资格，择优确定试点银行。按照“整体区域均衡，业务规模匹配，账户管理优良，外汇资质齐备，风控合规到位”的原则，择优确定了3家试点银行共57家试点网点参与试点。三是全面压实银行主体责任，扎实推进验收工作。开展商业银行现场督导、现场验收、行领导带队现场复查暗访，编写试点标杆网点指引，开展多维度下沉式辅导。四是健全事中事后监管机制，监督依法合规开展业务。督导试点银行健全涵盖试点业务的账户全生命周期管理体系，建立了试点业务风险监测机制。五是构建立体化宣传格局，切实加强舆论引导。牵头统筹全辖宣传工作，统一宣传口径。通过人民日报、新华财经等34家新闻媒体进行政策报道宣传。

案例6

中国人民银行分支机构优化账户服务　提升人民群众满意度

南京分行多措并举持续提升账户服务水平。一是强服务质效，提升群众获得感。持续推广电子渠道预约开户服务，支持在线申请、预提交资料、银行在线预审核，畅通小微企业线上预约开户渠道。引导商业银行委托企业所在地网点进行上门核实、面签，实现“最多跑一次”的目标。持续完善江苏政银易企通功能。指导商业银行整合开户和各类基本结算服务申请和协议，减少信息重复填写。指导商业银行适老化改造，配置无障碍设施、开辟老年人绿色通道、保留纸质存折存单、提供远程视频上门等业务办理、开发老人版APP，持续提升老年人等特殊群体支付服务便利化程度。二是强管理质效，提升群众满意感。开展账户服务优化调研，从供需两端了解分类分级、简易开户、“一网通办”等新政策的需求与难点。持续开展服务质效跟踪监测，在全省政务服务大厅、社区街道和商业银行开展三轮满意度问卷调查。常态化开展账户服务暗访督导，创新“同城推磨式”“跨城交叉式”暗访模式。三是强风险防控，提升群众安全感。指导省支付清算服务协会印发《江苏省进一步优化银行账户服务　加强账户风险防控指引》，推动辖内银行建立账户分类分级管理机制。建立全省账户业务网格化管理和责任清单制度，进一步明确优化账户服务要求、督促各银行健全责任追究机制，确认牵头责任人、包干责任人和本网点责任人，落实网点账户服务指导、监督工作。

广州分行实施开户服务负面清单提升小微企业银行账户服务质效。一是齐抓共管银行开户服务管理，全面优化小微企业开户服务。广州分行借鉴香港金融管理局缓解中小企业开户难实践经验，结合实际，梳理与小微企业身份识别无关或与评估账户潜在风险不相称、不合理的业务办理流程和服务行为，制定印发《广东省小微企业银行结算账户开立特别服务规范（负面清单）》（以下简称《负面清单》），建立为小微企业提供银行账户服务的基本质量标准和服务规范，构建了“行政监管”“银行自律”“社会监督”，齐抓共管的银行开户服务管理格局。二是制定配套措施，推动《负面清单》落地见效。紧紧围绕人民银行分支机构“属地管理责任”和银行机构“账户管理主体责任”两个维度，制定了清理规范制度流程、开户服务全流程监测、小微企业投诉集中复核、实施效果动态系统化监测、执行情况常态化督导5方面配套措施，确保《负面清单》22条“红线”能直达网点、执行到位。三是开展多渠道政策宣讲，营造良好宣传舆论环境。组织银行机构多渠道开展《负面清单》管理政策宣讲，及时将相关政策措施送到企业手中。同时，召开新闻发布会，向媒体集中宣讲账户管理新政的实施背景、意义和内容，得到中国政府网、人民日报等权威媒体的高度评价和认可。

案例7

中国人民银行分支机构持续发力
推进移动支付便民服务做深做透

重庆营业管理部提升移动支付便民服务工程质效。一是突出“一条主线”“两个”重点，深化共商共建共享工作机制。云闪付APP与银行APP融合共建，创新一行一策，实施动态化督导。确立“我为银行办实事”任务清单，逐一细化工作措施。整合推进政银企协作，抓实APP用户、交易场景、基础设施建设工作目标。二是打造“三大”工程，发挥移动支付基础设施优势。打造“移动支付助力乡村振兴”工程，不断弥合“数字鸿沟”。打造“移动支付双城经济圈同城化”工程，唱好成渝两地“双城记”。打造“1分钱乘公交”民生工程，实现交通领域“三级普惠”。三是深耕“四类”重点场景，提升移动支付便民水平。丰富云闪付APP便民“责任田”，全国首批试点云闪付APP 个人信用报告查询功能。组织发放云闪付留岗红包，累计通过云闪付向近千余名外地员工发放近40万元留岗红包。指导银联重庆分公司加强与市商委、市文旅集团合作，全市92家4A级旅游景区受理云闪付，实现5A级景区全覆盖。开展“银联银行伴你游”专项营销活动，257个商户开展近千次营销活动，发放各类消费券5.8万张。赋能智慧校园场景建设。抓住“一辆车”，将校园穿梭车作为移动支付的突破口，持续推出云闪付优惠乘车活动。

杭州中心支行通过凝聚行业合力促进互联互通推动银行业移动支付做大做强。一是强化组织，凝聚合力，推动银行业移动支付加快发展。召开全省银行业推进“移动支付之省”建设工作会议。建立督导通报机制，按月通报各银行机构、各地区的银行业移动支付业务发展情况。完善考核激励机制。二是积极探索，共享共建，促进电子支付领域互联互通。创新设立行业自律机制，约定成员单位拓展的便民场景应向所有成员单位开放。创新推动行业开放互通，创新制定行业解决方案。配合“双减”，指导银联浙江分公司搭建“政企银”平台。三是全面覆盖，重点突破，拓宽银行业移动支付场景应用。深耕民生领域应用，指导银联浙江分公司积极参与省级政务服务平台“同源发布”项目试点，全面优化云闪付政务服务功能。促进消费领域应用，引导农村居民使用移动支付方式办理银行卡助农服务，进一步提高县域银行业移动支付普及率和活跃度。截至2021年末，全省1.24万个服务点开通移动支付办理助农服务，占服务点总数的76.13%，全年通过银行业移动支付方式办理助农业务168.86万笔，同比增长54.01%。

案例8

中国人民银行拉萨中心支行深入开展农村支付服务环境建设

做好助农取款服务。升级应用藏语版助农POS 机具。修订金融综合服务站建设标准，制定无物理银行网点乡镇金融综合服务站全覆盖三年行动方案，提升农村支付服务的普惠性和便民性。推广办理财政直补“一卡通”52.67万张，打通“国库—代理银行—农户—助农取款服务”支付通道。聚焦助农取款服务点的资源整合，2021年，全辖共撤销整合无效助农取款服务点141个。截至2021年末，西藏已建成助农取款服务点5,610个，金融综合服务站132个，金融综合服务站填补物理银行空白乡镇64个。全年辖内发生银行卡助农取款交易笔数89.86万笔、交易金额13.62亿元，同比分别增长2.32%、17.47%。

完善“支付+产业”发展模式，推进藏货出藏。加快推进涉农金融机构移动支付工具“适藏化”改造，开发具有藏语服务功能的手机银行业务模块，制作藏语操作手册。在农村地区深入推广“掌上银行村”，实现了通网行政村全覆盖。按照“一地一产”的原则，构建“电商+龙头企业/农牧民专业合作社+供销合作社+农户”的生态链，积极推进掌上银行加载电商业务功能，丰富西藏农产品销售渠道。2021年，全自治区74个县的120个商户入驻掌上银行兴农商城，上架近270余种农产品。

不断推进移动支付便民工程纵深发展。不断将支付服务与交通出行、政务场景、公共缴费、医疗健康等场景进行无缝衔接，截至2021年末，全辖新增移动支付场景51

个，存量场景均完成标准化改造；辖内移动支付客户数360.48万户、交易笔数1.52亿笔、金额4,815.02亿元，同比分别增长19.15%、33.33%和9.47%。推进移动支付便民工程向农村地区延伸，以“旅游+”“交通+”“医疗+”为切入点，构建“金融服务创新+服务体验提升”的全新支付模式，持续助力乡村振兴。率先在拉萨市196个村级卫生所改造医保受理终端，整合医保受理和金融支付渠道，可同时支持个人医保账户全支付渠道受理。积极推进移动支付助力数字乡村建设，建成玉麦乡“e支付惠民示范街”。在林芝市桃花沟、索松村等生态景区打造无障碍支付服务示范景点。

推动“支付支持固边兴边”工程。指导商业银行配备金融服务车和智能便携终端，通过“3+2”或“4+1”的“背包银行”业务模式，满足西藏边境线上的驻边官兵和抵边居民基础金融服务需求。调研戍边部队支付服务需求，建立支付服务需求台账，保障应急资金支付渠道畅通。截至2021年底，辖内627个边境小康村共建设金融综合服务站58个、助农取款服务点647个。为边境一线戍边部队开通“军人优先窗口”227个，配备ATM45台，办理“八一金穗卡”13,516张，开展“金融服务进军营”活动300余次。

案例9

商业银行多措并举优化银行结算账户开户效果

中国建设银行统筹账户优质便捷服务与风险控制协调推进。一是构建五大机制提升账户服务质效。制定《中国建设银行优化账户服务防范账户风险工作方案》，围绕“工作机制、分类分级、网点服务、风险防控、长效机制”五大方面，提出做好账户服务和风险防范工作的21项具体措施要求。在全行推广小微企业简易开户服务，实现小微企业开户当日办、当场办。截至2021年末，建行简易开户服务实际开办业务机构达1,949个，简易开户账户数量7,029户，其中1,280户经进一步核实后升级为“全功能”账户。二是深化账户“线上+线下”服务新模式，“账易行”应用拓展账户服务至手机银行、互联网站、网银，“惠懂你”APP已经成为服务小微企业的重要平台。三是做深、做细账户分级分类管理，在个人账户分类管理的基础上，根据客户身份、职业、年龄、交易等特征，对账户功能采取分级管理。研发个人账户回访清单功能，完善开户跟踪回访服务，有效防范账户风险。四是创新升级产品服务。提升个人账户基础支撑能力，推进社保卡跨省通办，提供社保卡申领、启用、挂失、补换、查询等线上全流程服务；推出资金池创新方案，在不新增账户的基础上实现资金专款专用、分类管理，应用于港澳同名资金汇入。截至2021年末，建行借记卡发卡量突破10.8亿张，2021年借记卡消费交易笔数达507亿笔、消费交易额达25.91万亿元，同比分别增长17.9%和10.4%。

交通银行持续提升单位银行结算账户服务体验。从简化客户操作的角度出发，整合电子营业执照、光学字符识别、机器人流程自动化等科技手段，上线根据客户申请信息自动整合生成表单的全新便捷开户模式，同时注重提升账户服务质效以及风险防控，一方面自动整合信息生成电子表单，免去客户手工填写的麻烦；另一方面在申请流程中调用企业信息联网核查、反洗钱等接口，实时对客户提供信息进行校验。相关流程的优化大大节约了业务办理的时间，截至2021年末，交通银行全行累计开立单位银行结算账户34.17万户，较2020年末增加21%。交通银行在优化行内账户开户流程的同时，积极优化外部平台联动开户申请功能，通过对接各地“一网通办”以及海关“E窗通”等平台，解决了客户完成政务登记后往返银行预约开户的问题，为更好地优化营商环境提供便利。

第五部分
全面推进支付体系开放合作

- 推动支付产业对外开放
- 深化支付结算国际交流

中国人民银行持续贯彻“引进来”与“走出去”并举的战略，稳妥推进银行卡市场开放，加强金融网关建设，鼓励国内支付主体布局全球市场，做好支付服务对外推广和技术输出。广泛开展支付领域的国际交流，积极参与国际监管规则和标准制定，强化支付结算领域国际监管合作，提升我国在国际支付结算领域的影响力和话语权。

一、推动支付产业对外开放

（一）持续做好“引进来”

深化加强金融网关建设。推动SWIFT与有关中资机构合资成立金融网关信息有限公司，配套印发金融网关公司监管意见，进一步提升跨境金融网络与信息服务水平。金融网关信息有限公司于2021年1月正式成立，建立并运营金融报文服务的本地网络集中点及本地数据仓库。一方面有利于增进中国境内SWIFT用户网络传输的稳定性、韧性和安全性，确保跨境金融信息服务连续处理；另一方面有利于推动跨境金融网络与信息服务更加透明，更好地识别和管理与核心服务相关的运行风险和金融风险。

（二）稳步加快“走出去”

加强支付服务标准和技术输出。中国银联持续扩大欧洲、中亚等区域重点市场受理覆盖，加快推进欧洲、中亚、南太和北美等市场重点商户的非接和二维码受理拓展。截至2021年末，银联境外受理网络延伸至179个国家和地区，境外累计开通商户超过3,500万户；全年新增8个境外发卡市场，包括瑞士、波多黎各、赤道几内亚、斐济、伊拉克、塞尔维亚、塞浦路斯和马尔代夫。在“一带一路”沿线市场，继续推进与本地网络发行双品牌卡项目以及与本地央行/转接网络签署本地转接项目。截至2021年末，“一带一路”沿线已有123个国家和地区开通银联卡业务，覆盖近1,600万户商户；累计已在52个沿线市场发卡超过1.3亿张。

持续优化跨境支付基础设施。持续加大人民币跨境支付系统（CIPS）推广力度，更好发挥“主渠道”作用。2021年，CIPS运行高效稳定，参与者数量不断增加，业务覆盖面持续扩大，业务量持续增长。截至2021年末，共有直接参与者75家，间接参与者1,184

家，业务覆盖全球178个国家（地区）。2021年，CIPS共处理支付业务334.16万笔，金额79.60万亿元，同比分别增长51.55%和75.83%；日均处理支付业务13,367笔，金额3,184亿元。

促进跨境移动支付便利化。做好粤港澳大湾区5个已投产跨境移动支付项目日常监管工作，服务港澳居民到内地使用移动支付服务，密切关注相关项目运行和风险情况。截至2021年末，5家港澳钱包累计成功跨境交易约15亿元，累计成功跨境交易笔数约900万笔。在七个地区稳妥推进日韩短期入境游客境内移动支付便利化试点。推动财付通与澳门特区政府合作开展消费券项目，切实服务内地居民赴澳消费，提振澳门旅游业。支持市场主体境外展业。中国银联2021年全年新增境外钱包及手机闪付项目超过40个，多个市场实现钱包发卡业务突破，新加坡、泰国、中国澳门首次落地Huawei Pay卡码合一项目，港澳云闪付业务量显著提升。中国银联全年累计发布90余个开放API，同时基于API集市建设，在南亚等市场通过开放平台向当地合作机构输出场景解决方案。

二、深化支付结算国际交流

加强支付结算领域国际交流。参加支付与市场基础设施委员会（CPMI）、SWIFT监督论坛、东亚及太平洋地区中央银行合作组织（EMEAP）支付和市场基础设施工作组、跨境基础设施论坛（CSIF）等国际机制，在疫情形势下积极在线参加国际会议并建言献策。

积极履行国际组织成员义务。根据CPMI和国际证监会要求，按照金融市场基础设施原则（PFMI）组织开展对大额清算系统的支付系统业务连续性和网络韧性评估，并及时向国际组织反馈结果。

积极参与二十国集团改善跨境支付路线图项目，参加跨境支付框架协调与实施、报文、支付体系未来等5个工作组，密切跟进国际支付发展现状与创新规划，助力提升全球跨境支付服务水平。

第六部分

支付体系2022年发展展望

2022年是立足百年党史、迈入向第二个百年目标进军新征程的重要一年。在新冠肺炎疫情反复、国际格局发生复杂深刻变化的挑战面前，中国人民银行将全面贯彻落实党中央、国务院工作部署，坚守为民初心，完善顶层设计，提升监管效能，优化服务供给，支持双向开放，维护支付体系安全、稳定、高效运行，为加快构建新发展格局提供有力支撑。

完善法规制度建设。加快推动《非银行支付机构条例》出台。推动《银行卡清算机构管理办法》修订出台。会同相关部门研究修订账户管理制度，推进银行账户和支付账户管理改革。

推动监管效能提升。持续推进支付领域反垄断和反不正当竞争监管，健全促进平台企业支付和金融业务规范健康发展长效机制。持续打击跨境赌博、电信网络诈骗和非法支付活动，纵深推进涉赌涉诈“资金链”治理。进一步加强清算机构业务监督管理。强化支付机构客户备付金等事前事中事后全链条监管，加强支付受理终端全生命周期管理。

优化支付服务供给。持续优化银行账户服务。推进支付手续费降费政策落实落细。持续提升电子支付在公共服务、便民利民场景的通用性和便利性，深入推进农村支付服务环境建设，完善移动支付适老化服务，努力消除支付领域“数字鸿沟”。做好亚运会等重大国际活动支付服务保障。

夯实基础设施保障。持续做好支付系统业务连续性管理。抓好中央银行会计核算数据集中系统（ACS）安全生产。推进人民币跨境支付系统（CIPS）推广和建设，发挥CIPS人民币跨境支付清算“主渠道”作用。强化清算机构监督管理，持续提升支付清算业务连续性管理水平。

深化支付体系开放。依法推进银行卡清算市场开放，按法定程序有序推进银行卡清算机构准入行政许可。稳步推进本外币合一银行账户、粤港澳大湾区代理见证试点扩大工作。加强支付领域国际交流，深度参与国际组织跨境支付路线图相关工作，持续深化国际监管合作，积极参与支付领域全球治理体系改革和建设。

第七部分 附录

- 2021年中国支付体系发展大事记
- 2021年中国支付体系发展核心指标
- 2021年主要业务数据报表
- 支付机构名录
- 2021年废止的规章及规范性文件目录

附录1 2021年中国支付体系发展大事记

1月19日，中国人民银行发布《非银行支付机构客户备付金存管办法》，自2021年3月1日起正式施行。

3月19日，中国人民银行发布《关于做好金融网关服务工作的通知》，加强跨境金融网络与信息服务管理。

3月23日，中国人民银行宣布，环球银行金融电信协会（SWIFT）与4家中资机构合资成立金融网关信息服务有限公司，向用户提供金融网关服务，进一步提升跨境金融网络与信息服务水平，保障SWIFT境内用户的合法权益和业务连续性。

4月12日，中国人民银行、银保监会、证监会、国家外汇管理局等金融管理部门再次联合约谈蚂蚁集团。

4月14日，中国人民银行召开2021年支付结算工作电视会议，全面总结2020年以来支付结算工作成果，深入分析当前面临的形势与挑战，并就2021年重点工作任务作出部署。

4月23日，中国人民银行召开打击治理跨境赌博“资金链”工作会议，通报2020年以来涉赌“资金链”治理工作进展，研究当前工作面临形势，重点就进一步推进金融领域打击治理跨境赌博工作进行部署。

4月29日，中国人民银行、银保监会、证监会、国家外汇管理局等金融管理部门联合约谈部分从事金融业务的网络平台企业。

5月6日，中国人民银行科技司印发《中央银行会计核算数据集中系统（ACS）综合前置子系统接口规范V2.4.1》，做好中小金融机构常备借贷便利DVP结算相关工作。

5月13日，中国人民银行发布《关于做好中小金融机构常备借贷便利业务券款对付结算的通知》，决定自2021年7月12日起在所有中小金融机构推广上线常备借贷便利业务券款对付结算（DVP结算）。

5月31日，中国人民银行发布《关于2020年银行业金融机构支付业务情况的通报》，推动银行业金融机构提升支付服务水平，依法合规开展支付业务。

6月16日，中国人民银行清算总中心印发《中国人民银行清算总中心业务系统数字证书操作管理指引（试行）》，进一步做好人民银行支付系统数字证书管理工作。

6月21日，中国人民银行就虚拟货币交易炒作问题约谈部分银行和支付机构，要求进一步加大排查和处置力度，采取严格措施，坚决切断虚拟货币交易炒作活动的资金支付链路。

6月24日，中国人民银行、银保监会、发展改革委、市场监管总局联合发布《关于降低小微企业和个体工商户支付手续费的通知》，进一步引导支付行业向实体经济让利，降低市场主体经营成本，优化实体经济发展环境。

6月29日，中国人民银行、公安部联合发布《关于建立涉赌资金交易查控平台赌博犯罪涉案账户快速查询机制的通知》，进一步提高涉赌资金交易查控效率，切实维护国家经济安全和社会稳定。

7月7日，中国人民银行发布《关于做好2021年中央银行会计核算数据集中系统第一次升级换版工作的通知》，满足新增业务需求，优化中央银行会计核算服务，增强系统应对异常能力。

7月8日，中国人民银行相关负责人出席国务院政策例行吹风会，介绍金融机构减费让利惠企利民有关情况并答记者问。

7月9日，中国人民银行召开北京—张家口冬奥会支付服务环境建设领导小组全体会议，通报2022年北京冬奥会和冬残奥会赛事地区各项支付服务环境建设工作进展，分析当前北京冬奥会筹办面临的形势，重点就冲刺阶段各项重要工作进行动员部署。

7月12日，中国人民银行、银保监会、公安部联合发布《关于组织开展打击治理电信网络诈骗、跨境赌博集中宣传月活动的通知》，进一步加大反诈反赌宣传力度，切实增强人民群众防诈拒赌意识和能力。

7月16日，中国人民银行发布《关于做好再贴现业务票款对付结算工作的通知》，决定自2021年11月22日起启用再贴现业务以票据为质押品进行票款对付结算。

7月20日，中国人民银行发布《关于印发〈非银行支付机构重大事项报告管理办法〉的通知》。

7月22日，中国人民银行发布《人民币跨境支付清算信息交换规范》等9项金融行业标准。

8月20日，中国银联联合上海环境能源交易所、商业银行，共同发布银联绿色低碳主题卡产品。

9月15日，中国人民银行、中央网信办、最高人民法院、最高人民检察院、工业和信息化部、公安部、市场监管总局、银保监会、证监会、外汇局十部门发布《关于进一步防范和处置虚拟货币交易炒作风险的通知》，进一步防范和处置虚拟货币交易炒作风险，切实维护国家安全和社会稳定。

9月26日，中国人民银行发布《关于做好流动就业群体等个人银行账户服务工作的指导意见》，助力优化就业环境，建立个人银行账户服务长效机制，切实解决流动就业群体等个人工资卡开户难问题。

10月7日，中国人民银行易纲行长在国际清算银行（BIS）监管大型科技公司国际会议上发表讲话，分享中国对大型科技公司的监管实践。

10月9日，中国人民银行发布《关于做好小微企业银行账户优化服务和风险防控工作的指导意见》，优化营商环境，推进电信网络诈骗和跨境赌博资金链治理，统筹做好优化小微企业银行账户服务和风险防控工作。

10月12日，中国人民银行发布《关于加强支付受理终端及相关业务管理的通知》，加强支付受理终端及相关业务管理，维护支付市场秩序，保护消费者合法权益。

11月10日，中国人民银行发布《关于做好2021年中央银行会计核算数据集中系统第二次升级换版工作的通知》，满足新增业务需求，优化中央银行会计核算服务，增强系统应对异常能力。

11月22日，中国人民银行、公安部联合印发《电信网络诈骗和跨境赌博“资金链”治理工作方案》，深入推进电信网络诈骗和跨境赌博“资金链”治理，切断不法分子涉诈涉赌资金转移链条，牢牢守住人民群众“钱袋子”。

12月15日，中国人民银行支付结算司发布《关于银行账户网民留言办理情况的通报》，进一步落实小微企业和流动就业群体等个人银行账户服务工作部署，巩固银行账户服务成效，强化服务薄弱环节治理。

12月20日，云闪付APP“一键查卡”功能在上海、云南率先开展试点，支持持卡人查询在多家银行名下银行卡开立及使用状况等信息。

12月31日，中国人民银行顺利组织完成2021年支付系统和ACS年终决算工作。

附录2　2021年中国支付体系发展核心指标

项目			单位	数值	增长率（%）
M_0与GDP		M_0	万亿元	9.08	7.72
		M_0/GDP	%	7.94	−0.36
银行结算账户	个人账户	账户总量	亿户	135.81	8.99
		人均拥有账户数①	户	9.61	8.02
	单位账户	账户总量	万户	8,336.97	11.44
		其中：基本存款账户	万户	5,933.00	10.00
非现金支付工具		交易笔数	亿笔	4,395.06	23.90
		其中：票据	亿笔	1.37	−8.46
		银行卡	亿笔	4,290.22	24.20
		贷记转账等其他结算业务	亿笔	103.47	13.13
		交易金额	万亿元	4,415.56	10.03
		其中：票据	万亿元	112.65	−9.00
		银行卡	万亿元	1,002.10	12.85
		贷记转账等其他结算业务	万亿元	3,300.81	9.98
		交易金额/GDP	倍	38.61	−2.26
银行卡（发卡及受理）	境内	发卡机构数量	个	1,562	0.51
		银行卡在用发卡数量	亿张	92.47	3.26
		其中：借记卡	亿张	84.47	3.30
		信用卡及借贷合一卡	亿张	8.00	2.85
		人均持卡量	张	6.55	2.34
		联网商户数量	万户	2,798.27	−3.33
		联网机具数量②	万台	3,893.61	1.58
		ATM数量	万台	94.78	−6.52
		银行卡期末应偿信贷总额③	万亿元	8.62	8.90
		银行卡消费额④占全年社会消费品零售总额的比重	%	49.20%	0.02

① 指标涉及人均值时，人数使用国家统计局公布的2021年末全国大陆总人口141,260万人计算。

② 银联跨行支付系统联网特约商户和联网 POS 机具数据来自中国银联股份有限公司，统计口径为 2021 年第四季度至少发生 1 笔成功交易的商户和 POS 机具数。自 2020 年第一季度起，银联新增统计只能受理二维码的扫码枪、小白盒子、商户静态码等设备和对应的线下联网商户。

③ 自2017年起，银行卡期末应偿信贷总额统计口径从原来信用卡调整为信用卡和借贷合一卡。

④ 指剔除房地产、汽车销售及批发类交易。

续表

项目			单位	数值	增长率（%）
支付系统	人民币支付系统	交易笔数	亿笔	9,336.19	27.53
		其中：大额支付系统	亿笔	4.82	-5.95
		小额支付系统	亿笔	38.81	12.21
		网上支付跨行清算系统	亿笔	174.91	11.95
		人民币跨境支付系统	万笔	334.16	51.55
		交易金额	万亿元	9,436.23	15.29
		其中：大额支付系统	万亿元	6,171.42	9.27
		小额支付系统	万亿元	162.55	10.67
		网上支付跨行清算系统	万亿元	273.76	34.53
		人民币跨境支付系统	万亿元	79.60	75.83
		交易金额/GDP	倍	82.51	
		大额支付系统直接参与者	个	561	-1.58
	境内外币支付系统	交易笔数	万笔	416.42	56.28
		交易金额（折合美元）	万亿美元	2.24	49.15
		系统直接参与者	个	75	10.29
证券结算系统	银行间债券市场	发行量	万亿元	60.69	8.90
		托管量	万亿元	109.20	7.42
		结算量	万亿元	1,325.39	6.42
		兑付金额	万亿元	43.38	11.69
	交易所证券市场	过户笔数	亿笔	387.46	41.53
		过户金额	万亿元	1,838.50	22.70
		结算总额	万亿元	1,985.66	23.39
		结算净额	万亿元	56.97	0.77

注：主要指标释义

1. M_0/GDP、银行卡消费额占全年社会消费品零售总额的比重的增长率为本年数减上年数；

2. 人民币支付系统包括大额实时支付系统、小额批量支付系统、网上支付跨行清算系统、商业银行行内业务系统、银联跨行支付系统、城市商业银行汇票处理系统和支付清算系统、农信银支付清算系统、人民币跨境支付系统、网联清算平台。

附录3　2021年主要业务数据报表

表1-1　人民币单位银行结算账户数量（分地区）

单位：万户

地区	数量
北京市	283.38
天津市	137.45
河北省	336.93
山西省	157.44
内蒙古自治区	121.59
辽宁省	235.16
吉林省	113.28
黑龙江省	138.36
上海市	463.32
江苏省	782.37
浙江省	828.63
安徽省	274.16
福建省	272.76
江西省	175.76
山东省	624.92
河南省	375.37
湖北省	245.14
湖南省	225.07
广东省	721.11
广西壮族自治区	186.65
海南省	74.12
重庆市	158.86
四川省	290.24
贵州省	145.30
云南省	148.59
西藏自治区	15.04
陕西省	207.85
甘肃省	95.96
青海省	29.30
宁夏回族自治区	46.71
新疆维吾尔自治区	108.89
深圳市	317.25
合计	8,336.97

表1-2　人民币单位银行结算账户数量（分行别）

行别	排名
中国工商银行	1
中国建设银行	2
中国农业银行	3
城市商业银行	4
农村信用社	5
中国银行	6
农村商业银行	7
招商银行	8
交通银行	9
中国民生银行	10
民营银行	11
兴业银行	12
浦发银行	13
中国邮政储蓄银行	14
中信银行	15
村镇银行	16
中国光大银行	17
平安银行	18
华夏银行	19
广发银行	20
中国农业发展银行	21
外资银行	22
浙商银行	23
恒丰银行	24
渤海银行	25
农村合作银行	26
国家开发银行	27
城市信用社	28
中国进出口银行	29

表1-3　基本存款账户数量（分地区）

单位：万户

地区	数量
北京市	206.22
天津市	96.96
河北省	253.09
山西省	119.10
内蒙古自治区	91.10
辽宁省	178.64
吉林省	90.68
黑龙江省	111.91
上海市	304.00
江苏省	566.92
浙江省	480.33
安徽省	202.14
福建省	196.43
江西省	123.59
山东省	445.33
河南省	277.73
湖北省	178.25
湖南省	162.64
广东省	531.16
广西壮族自治区	136.25
海南省	57.37
重庆市	117.21
四川省	218.60
贵州省	97.74
云南省	108.22
西藏自治区	11.82
陕西省	154.35
甘肃省	67.32
青海省	21.40
宁夏回族自治区	33.61
新疆维吾尔自治区	79.19
深圳市	213.70
合计	5,933.00

表1-4　基本存款账户数量（分行别）

行别	排名
中国工商银行	1
中国建设银行	2
中国农业银行	3
农村信用社	4
城市商业银行	5
中国银行	6
农村商业银行	7
招商银行	8
中国民生银行	9
交通银行	10
兴业银行	11
上海浦东发展银行	12
中国邮政储蓄银行	13
中信银行	14
村镇银行	15
光大银行	16
平安银行	17
华夏银行	18
广发银行	19
浙商银行	20
中国农业发展银行	21
农村合作银行	22
恒丰银行	23
外资银行	24
渤海银行	25
城市信用社	26
民营银行	27
国家开发银行	28
中国进出口银行	29

表1-5 基本存款账户数量（分产业）

单位：万户

行业分类	数量
A.农、林、牧、渔业	321.53
B.采掘业	16.45
C.制造业	504.56
D.电力、燃气及水的生产和供应业	26.33
E.建筑业	395.70
F.交通运输、仓储和邮政业	130.65
G.信息传输、计算机服务和软件业	270.80
H.批发和零售业	2,155.64
I.住宿和餐饮业	148.53
J.金融业	19.57
K.房地产业	93.02
L.租赁和商务服务业	502.23
M.科学研究、技术服务和地质勘查业	155.64
N.水利、环境和公共设施管理业	32.27
O.居民服务和其他服务业	478.26
P.教育	78.61
Q.卫生、社会保障和社会福利业	47.36
R.文化、教育和娱乐业	126.73
S.公共管理与社会组织	153.78
T.其他行业	275.32
合计	5,933.00

表2 票据业务量（分地区）

单位：万笔、亿元

地区	票据		商业汇票		电子商业汇票承兑	
	交易笔数	交易金额	交易笔数	交易金额	交易笔数	交易金额
北京市	642.28	67,420.40	76.74	11,720.89	85.48	12,562.26
天津市	365.67	15,683.07	68.83	4,086.46	79.67	4,750.66
河北省	286.01	28,408.12	54.58	6,118.01	58.50	6,845.13
山西省	244.36	19,509.72	60.19	4,688.36	52.63	4,778.77

续表

地区	票据		商业汇票		电子商业汇票承兑	
	交易笔数	交易金额	交易笔数	交易金额	交易笔数	交易金额
内蒙古自治区	200.31	13,448.44	18.36	1,673.76	18.57	1,788.08
辽宁省	781.74	26,850.74	162.49	9,189.81	126.96	7,612.83
吉林省	203.60	11,361.86	19.27	2,545.92	21.44	2,710.47
黑龙江省	253.99	9,484.30	15.54	1,294.25	17.67	1,418.23
上海市	396.84	33,046.90	115.75	13,277.87	132.57	14,331.11
江苏省	1,272.58	161,458.99	382.12	30,751.42	401.24	34,589.87
浙江省	1,219.05	107,152.90	503.82	23,012.44	494.72	25,405.52
安徽省	322.67	31,883.98	61.86	4,247.11	67.64	4,963.25
福建省	468.50	46,691.64	51.21	8,365.06	57.86	9,449.93
江西省	264.36	39,135.80	27.12	3,455.70	34.32	4,241.71
山东省	778.33	71,959.44	268.67	19,423.56	254.46	20,762.42
河南省	409.03	38,875.48	115.82	10,356.41	106.18	10,312.32
湖北省	397.54	44,018.17	72.73	7,211.57	77.94	7,596.03
湖南省	734.29	34,012.50	44.71	4,059.27	48.58	4,353.57
广东省	1,256.15	91,675.85	173.13	18,596.02	190.22	19,852.13
广西壮族自治区	227.53	17,139.01	31.61	3,976.49	33.98	4,263.34
海南省	64.67	3,299.87	4.49	454.63	5.21	624.51
重庆市	271.01	28,920.62	46.77	4,918.24	52.04	4,933.42
四川省	1,052.90	48,899.08	74.69	6,603.34	85.72	7,171.44
贵州省	195.18	22,282.98	16.51	1,803.34	18.31	1,932.69
云南省	255.85	17,473.92	11.04	1,941.52	14.33	2,158.66
西藏自治区	49.82	2,189.18	0.20	47.53	0.17	43.42
陕西省	244.13	21,434.64	46.59	4,870.64	52.25	5,256.64
甘肃省	186.80	9,042.16	13.14	1,118.92	14.19	1,177.20
青海省	73.58	3,380.26	1.98	341.58	2.68	360.73
宁夏回族自治区	78.84	4,118.16	6.46	571.30	5.62	539.66
新疆维吾尔自治区	281.13	12,504.83	34.06	3,179.33	34.35	3,390.88
深圳市	199.26	43,727.91	84.36	8,711.78	92.75	9,699.27
合计	13,678.00	1,126,490.92	2,664.86	222,612.55	2,738.25	239,876.17

表3-1 银行卡在用发卡数量（分地区）

单位：万张

地区	银行卡在用发卡数量	其中：信用卡
北京市	31,505.22	4,086.06
天津市	11,996.14	1,096.17
河北省	41,649.66	3,273.10
山西省	20,198.79	1,986.86
内蒙古自治区	15,726.56	1,573.13
辽宁省	29,334.96	2,391.05
吉林省	14,150.68	1,165.11
黑龙江省	18,831.76	1,315.03
上海市	24,545.42	3,261.73
江苏省	65,278.02	5,284.10
浙江省	50,151.11	5,216.72
安徽省	30,257.71	2,046.12
福建省	27,497.34	3,256.91
江西省	21,451.90	1,325.13
山东省	69,129.59	5,523.36
河南省	54,386.79	4,182.72
湖北省	32,703.79	2,409.12
湖南省	34,868.47	2,125.29
广东省	72,991.19	7,478.01
广西壮族自治区	23,406.28	1,807.23
海南省	5,757.08	469.76
重庆市	19,074.19	1,514.79
四川省	43,583.06	2,953.31
贵州省	19,003.00	1,268.13
云南省	20,681.79	1,807.22
西藏自治区	1,208.69	39.95
陕西省	24,511.19	1,890.92
甘肃省	13,420.21	966.48
青海省	3,078.61	186.77
宁夏回族自治区	4,369.73	481.45
新疆维吾尔自治区	14,067.70	994.80
深圳市	65,861.20	6,442.66
合计	924,677.83	79,819.17

表3-2　银行卡在用发卡数量（分行别）

行别	排名
中国建设银行	1
中国农业银行	2
中国工商银行	3
农村商业银行	4
中国邮政储蓄银行	5
城市商业银行	6
中国银行	7
农村信用社	8
招商银行	9
交通银行	10
平安银行	11
中国民生银行	12
浦发银行	13
中信银行	14
中国光大银行	15
兴业银行	16
广发银行	17
村镇银行	18
华夏银行	19
农村合作银行	20
浙商银行	21
外资银行	22
渤海银行	23
恒丰银行	24

表3–3　银行卡业务量（分地区）

单位：万笔、亿元

地区	业务笔数	业务金额
北京市	1,406,703.81	433,241.34
天津市	403,930.78	115,117.23
河北省	1,223,239.99	382,175.33
山西省	631,741.45	167,053.21
内蒙古自治区	502,855.53	140,320.67
辽宁省	1,032,298.62	241,739.77
吉林省	490,413.96	116,477.62
黑龙江省	605,465.49	140,840.22
上海市	1,113,422.73	476,377.50
江苏省	2,064,223.36	731,047.89
浙江省	2,306,872.90	1,178,336.49
安徽省	895,393.69	294,138.74
福建省	1,261,662.07	468,571.35
江西省	689,557.71	215,193.56
山东省	2,140,826.08	715,263.01
河南省	1,462,975.76	426,444.49
湖北省	1,073,374.45	259,186.36
湖南省	1,147,456.39	282,576.79
广东省	3,416,589.15	829,355.63
广西壮族自治区	972,677.24	172,599.53
海南省	275,792.27	54,445.74
重庆市	647,145.84	151,953.39
四川省	1,467,022.81	331,232.22
贵州省	632,295.61	112,621.56
云南省	691,493.25	138,373.66
西藏自治区	60,275.47	11,561.93
陕西省	792,085.18	179,836.59
甘肃省	411,602.76	68,237.71
青海省	121,708.80	21,409.1
宁夏回族自治区	200,816.85	41,396.19
新疆维吾尔自治区	581,730.58	96,305.58
深圳市	12,178,517.59	1,027,578.42
合计	42,902,168.19	10,021,008.79

表4　贷记转账业务量（分地区）

单位：万笔、亿元

地区	笔数	金额
北京市	77,071.01	8,029,816.88
天津市	12,407.14	403,013.96
河北省	25,225.53	423,764.91
山西省	13,090.00	348,383.13
内蒙古自治区	10,866.05	178,668.13
辽宁省	30,033.46	391,040.91
吉林省	8,835.91	178,539.32
黑龙江省	10,473.96	164,559.02
上海市	50,068.03	4,682,263.35
江苏省	76,684.54	2,390,179.66
浙江省	147,537.60	2,368,108.80
安徽省	23,197.62	457,212.86
福建省	27,167.56	1,284,523.89
江西省	18,372.49	387,216.10
山东省	59,173.60	1,281,682.91
河南省	39,835.00	580,451.97
湖北省	22,745.51	492,120.61
湖南省	20,113.33	431,039.64
广东省	86,941.59	2,360,648.86
广西壮族自治区	15,260.30	239,779.99
海南省	6,986.58	82,092.57
重庆市	23,822.47	405,522.16
四川省	47,620.19	744,383.98
贵州省	11,553.32	222,444.58
云南省	13,264.38	210,141.61
西藏自治区	1,020.73	17,538.12
陕西省	18,420.40	413,620.95
甘肃省	6,253.97	109,799.07
青海省	2,144.19	33,232.56
宁夏回族自治区	3,327.72	45,671.70
新疆维吾尔自治区	10,720.21	223,984.13
深圳市	75,506.60	2,878,064.43
合计	995,740.97	32,459,510.77

表5-1 大额支付系统业务量（分地区）

单位：万笔、亿元

地区	笔数	金额
北京市	4,071.18	21,820,204.83
天津市	756.18	691,924.35
河北省	1,280.88	540,042.65
山西省	879.99	409,914.53
内蒙古自治区	502.70	221,004.11
辽宁省	1,363.37	620,355.70
吉林省	625.15	335,481.40
黑龙江省	499.74	250,737.34
上海市	4,319.93	13,796,384.83
江苏省	5,900.63	2,664,653.59
浙江省	3,867.39	3,089,547.13
安徽省	2,671.34	670,443.75
福建省	1,370.46	1,650,745.00
江西省	916.18	607,153.66
山东省	3,360.23	1,483,220.09
河南省	1,262.39	978,444.04
湖北省	1,390.90	585,009.05
湖南省	997.76	565,555.45
广东省	2,585.14	2,709,886.67
广西壮族自治区	974.82	329,006.99
海南省	183.91	72,413.40
重庆市	775.55	630,478.01
四川省	1,999.31	928,310.49
贵州省	851.16	378,204.28
云南省	689.52	229,729.60
西藏自治区	45.31	15,996.23
陕西省	943.52	442,971.31
甘肃省	402.10	190,031.36
青海省	122.05	32,030.07
宁夏回族自治区	184.37	69,043.05
新疆维吾尔自治区	527.65	196,525.28
深圳市	1,869.09	4,508,726.30
合计	48,189.88	61,714,174.53

表5-2　小额支付系统业务量（分地区）

单位：万笔、亿元

地区	笔数	金额
北京市	24,662.50	131,138.48
天津市	3,800.24	22,770.18
河北省	16,427.91	60,927.67
山西省	7,732.35	29,585.56
内蒙古自治区	4,110.66	19,964.94
辽宁省	6,820.07	28,923.74
吉林省	3,986.46	12,320.12
黑龙江省	5,340.51	16,799.15
上海市	38,355.84	204,803.90
江苏省	27,215.99	137,948.28
浙江省	42,356.86	178,112.39
安徽省	8,328.70	33,032.89
福建省	11,574.60	48,494.14
江西省	7,688.26	30,758.26
山东省	22,770.59	107,574.98
河南省	16,835.46	47,939.16
湖北省	9,106.70	40,680.09
湖南省	11,928.50	37,409.38
广东省	27,832.46	140,462.75
广西壮族自治区	8,579.11	24,852.78
海南省	2,898.61	7,185.39
重庆市	7,342.99	30,269.18
四川省	19,568.99	49,264.48
贵州省	3,444.01	16,480.86
云南省	6,350.27	24,199.00
西藏自治区	429.96	2,194.82
陕西省	9,134.61	29,537.47
甘肃省	3,487.72	12,248.24
青海省	1,116.20	4,105.87
宁夏回族自治区	1,504.48	5,596.59
新疆维吾尔自治区	4,998.92	21,252.02
深圳市	22,328.86	68,673.14
合计	388,059.40	1,625,505.91

表6-1 中国结算登记存管业务一览表

单位：只

登记存管证券类别	数量
A股	4,606
B股	90
国债	615
地方债	2,966
政策性金融债	33
企业债	2,073
公司债	11,206
可转债	411
分离式可转债	0
中小企业私募债	795
封闭式基金	1
ETF	645
LOF	504
实时申赎货币基金	8
公募基础设施基金（REITs）	11
资产证券化产品	6,431
合计	30,395

表6-2 上海清算所固定收益产品业务数据表

单位：亿元

类别	本年只数/笔数	本年面额
债券发行量	40,807	321,749.53
债券兑付量	38,509	276,687.66
债券清算量	2,263,829	2,848,894.78
现券清算量	976,220	705,757.55
回购清算量	1,238,404	2,113,474.03
质押式回购	1,234,071	2,109,901.51
买断式回购	4,333	3,572.52
分销清算量	45,191	27,025.67
借贷清算量	4,014	2,637.53
远期清算量	0	0.00
债券期末托管量	32,282	289,998.88

附录4　支付机构名录

序号	机构名称	首次许可日期
1	支付宝（中国）网络技术有限公司	2011/5/3
2	银联商务股份有限公司	2011/5/3
3	资和信电子支付有限公司	2011/5/3
4	财付通支付科技有限公司	2011/5/3
5	通联支付网络服务股份有限公司	2011/5/3
6	开联通支付服务有限公司	2011/5/3
7	易宝支付有限公司	2011/5/3
8	快钱支付清算信息有限公司	2011/5/3
9	上海汇付数据服务有限公司	2011/5/3
10	上海盛付通电子支付服务有限公司	2011/5/3
11	北京钱袋宝支付技术有限公司	2011/5/3
12	东方电子支付有限公司	2011/5/3
13	深圳市快付通金融网络科技服务有限公司	2011/5/3
14	广州银联网络支付有限公司	2011/5/3
15	北京数字王府井科技有限公司	2011/5/3
16	北京银联商务有限公司	2011/5/3
17	裕福支付有限公司	2011/5/3
18	易生支付有限公司	2011/5/3
19	银盛支付服务股份有限公司	2011/5/3
20	迅付信息科技有限公司	2011/5/3
21	网银在线（北京）科技有限公司	2011/5/3
22	新生支付有限公司	2011/5/3
23	平安付电子支付有限公司	2011/5/3
24	拉卡拉支付股份有限公司	2011/5/3
25	上海付费通信息服务有限公司	2011/5/3
26	平安付科技服务有限公司	2011/5/3
27	上海银联电子支付服务有限公司	2011/8/29
28	连连银通电子支付有限公司	2011/8/29
29	联动优势电子商务有限公司	2011/8/29
30	成都摩宝网络科技有限公司	2011/8/29

续表

序号	机构名称	首次许可日期
31	捷付睿通股份有限公司	2011/8/29
32	证联支付有限责任公司	2011/8/29
33	得仕股份有限公司	2011/8/29
34	易通金服支付有限公司	2011/8/29
35	四川商通实业有限公司	2011/8/29
36	南京市市民卡有限公司	2011/8/29
37	天翼电子商务有限公司	2011/12/22
38	联通支付有限公司	2011/12/22
39	中移电子商务有限公司	2011/12/22
40	开店宝支付服务有限公司	2011/12/22
41	天津城市一卡通有限公司	2011/12/22
42	瑞祥商务服务有限公司	2011/12/22
43	武汉市金源信企业服务信息系统有限公司	2011/12/22
44	广东银结通电子支付结算有限公司	2011/12/22
45	现代金融控股（成都）有限公司	2011/12/22
46	国付宝信息科技有限公司	2011/12/22
47	重庆易极付科技有限公司	2011/12/22
48	山西万卡德商务有限公司	2011/12/22
49	哈尔滨华通支付网络科技有限公司	2011/12/22
50	商盟商务服务有限公司	2011/12/22
51	河南汇银丰信息技术有限公司	2011/12/22
52	贵州汇联通电子商务服务有限公司	2011/12/22
53	大连中鼎支付有限公司	2011/12/22
54	宁波银联商务有限公司	2011/12/22
55	重庆市钱宝科技服务有限公司	2011/12/22
56	上海电银信息技术有限公司	2011/12/22
57	易联支付有限公司	2011/12/22
58	北京海科融通支付服务股份有限公司	2011/12/22
59	中联信（福建）支付服务有限公司	2011/12/22
60	深圳市腾付通电子支付科技有限公司	2011/12/22
61	东方付通信息技术有限公司	2011/12/22
62	易智付科技（北京）有限公司	2011/12/22
63	顺丰恒通支付有限公司	2011/12/22
64	易票联支付有限公司	2011/12/22
65	深圳市深银联易办事金融服务有限公司	2011/12/22

续表

序号	机构名称	首次许可日期
66	上海银生宝电子支付服务有限公司	2011/12/22
67	深圳市银联金融网络有限公司	2011/12/22
68	宝付网络科技（上海）有限公司	2011/12/22
69	付临门支付有限公司	2011/12/22
70	中金支付有限公司	2011/12/22
71	上海富友支付服务股份有限公司	2011/12/22
72	安易联融电子商务有限公司	2011/12/22
73	北京爱农驿站科技服务有限公司	2011/12/22
74	北京首采联合电子商务有限责任公司	2011/12/22
75	北京中欣银宝通支付服务有限公司	2011/12/22
76	上海都市旅游卡发展有限公司	2011/12/22
77	北京市政交通一卡通有限公司	2011/12/22
78	北京雅酷时空信息交换技术有限公司	2011/12/22
79	北京中投科信电子商务有限责任公司	2011/12/22
80	上海商联信电子支付服务有限公司	2011/12/22
81	安付宝商务有限公司	2011/12/22
82	上海纽斯达科技有限公司	2011/12/22
83	上海大众交通商务有限公司	2011/12/22
84	杉德支付网络服务发展有限公司	2011/12/22
85	卡友支付服务有限公司	2012/6/27
86	汇潮支付有限公司	2012/6/27
87	上海瀚银信息技术有限公司	2012/6/27
88	银视通信息科技有限公司	2012/6/27
89	上海东方汇融信息技术服务有限公司	2012/6/27
90	天津融宝支付网络有限公司	2012/6/27
91	南京苏宁易付宝网络科技有限公司	2012/6/27
92	双乾网络支付有限公司	2012/6/27
93	山东省电子商务综合运营管理有限公司	2012/6/27
94	深圳市美的支付科技有限公司	2012/6/27
95	嘉联支付有限公司	2012/6/27
96	智付电子支付有限公司	2012/6/27
97	北京滴滴支付技术有限公司	2012/6/27
98	北京数码视讯支付技术有限公司	2012/6/27
99	汇元银通（北京）在线支付技术有限公司	2012/6/27
100	随行付支付有限公司	2012/6/27

续表

序号	机构名称	首次许可日期
101	网易宝有限公司	2012/6/27
102	浙江唯品会支付服务有限公司	2012/6/27
103	浙江航天电子信息产业有限公司	2012/6/27
104	浙江甬易电子支付有限公司	2012/6/27
105	福建国通星驿网络科技有限公司	2012/6/27
106	九派天下支付有限公司	2012/6/27
107	广西恒大万通支付有限公司	2012/6/27
108	新疆润物网络有限公司	2012/6/27
109	山东网上有名网络科技有限公司	2012/6/27
110	上海申鑫电子支付股份有限公司	2012/6/27
111	上海亿付数字技术有限公司	2012/6/27
112	上海新华传媒电子商务有限公司	2012/6/27
113	上海商业高新技术发展有限公司	2012/6/27
114	上海乐易信息技术有限公司	2012/6/27
115	上海金诚通电子支付服务有限公司	2012/6/27
116	中钢银通信息技术服务有限公司	2012/6/27
117	上海润通实业投资有限公司	2012/6/27
118	上海巾帼三六五企业服务有限公司	2012/6/27
119	上海瑞得企业服务有限公司	2012/6/27
120	江苏爱心消费支付服务有限公司	2012/6/27
121	江苏大众书局商务服务有限公司	2012/6/27
122	南京万商商务服务有限公司	2012/6/27
123	江苏鸿兴达邮政商务资讯有限公司	2012/6/27
124	江苏旅通商务有限公司	2012/6/27
125	无锡市民卡有限公司	2012/6/27
126	苏州市民卡有限公司	2012/6/27
127	山东城联一卡通支付有限责任公司	2012/6/27
128	成都天府通金融服务股份有限公司	2012/6/27
129	汇通宝支付有限责任公司	2012/6/27
130	中付支付科技有限公司	2012/6/27
131	深圳市商连商用电子技术有限公司	2012/6/27
132	陕西易通商联网络支付科技有限公司	2012/6/27
133	陕西邮政西邮寄电子支付有限责任公司	2012/6/27
134	北京恒信通电信服务有限公司	2012/6/27
135	北京和融通支付科技有限公司	2012/6/27

续表

序号	机构名称	首次许可日期
136	商银信支付服务有限责任公司	2012/6/27
137	北京市银博盛世电子商务有限公司	2012/6/27
138	北京银通支付有限公司	2012/6/27
139	北京华瑞富达科技有限公司	2012/6/27
140	北京高汇通商业管理有限公司	2012/6/27
141	银信联（北京）支付有限公司	2012/6/27
142	北京广聚福支付有限公司	2012/6/27
143	北京商银科技有限公司	2012/6/27
144	国旅（北京）信息科技有限公司	2012/6/27
145	重庆城市通卡支付有限责任公司	2012/6/27
146	重庆市公众城市一卡通有限责任公司	2012/6/27
147	重庆千礼科技有限公司	2012/6/27
148	山西易联支付数据处理有限公司	2012/6/27
149	吉林省通卡支付股份有限公司	2012/6/27
150	舟山市明生商盟科技服务有限公司	2012/6/27
151	浙江银付通信息科技有限公司	2012/6/27
152	福建一卡通网络有限责任公司	2012/6/27
153	福建省掌财通支付服务有限公司	2012/6/27
154	福建省瑞特商业支付有限公司	2012/6/27
155	厦门象屿支付有限公司	2012/6/27
156	安徽省万事通金卡通科技信息服务有限公司	2012/6/27
157	安徽圣德天开信息科技有限公司	2012/6/27
158	江西缴费通信息技术股份有限公司	2012/6/27
159	湖南潇湘支付有限公司	2012/6/27
160	广西支付通商务服务有限公司	2012/6/27
161	昆明卡互卡支付科技有限公司	2012/6/27
162	云南本元支付管理有限公司	2012/6/27
163	兰州易家万通企业服务有限公司	2012/6/27
164	青岛百森通支付有限公司	2012/6/27
165	青岛百达通支付服务有限公司	2012/7/20
166	广东汇卡商务服务有限公司	2013/1/6
167	中汇电子支付有限公司	2013/1/6
168	辽宁新天数字科技有限公司	2013/1/6
169	江苏飞银商务智能科技有限公司	2013/1/6
170	山东高速信联支付有限公司	2013/1/6

续表

序号	机构名称	首次许可日期
171	供销中百支付有限公司	2013/1/6
172	成都支付通新信息技术服务有限公司	2013/1/6
173	陕西煤炭交易中心有限公司	2013/1/6
174	北京亚科技术开发有限责任公司	2013/1/6
175	河北北人冀通支付服务有限公司	2013/1/6
176	杭州市民卡有限公司	2013/1/6
177	郑州建业至尊商务服务有限公司	2013/1/6
178	贵州贵金支付网络服务有限公司	2013/1/6
179	山东银利支付服务有限公司	2013/1/6
180	上海商旅通商务服务有限公司	2013/1/6
181	江苏大贺会支付商务服务有限公司	2013/1/6
182	江苏金禧智能卡管理有限公司	2013/1/6
183	百联优力（北京）投资有限公司	2013/1/6
184	银盈通支付有限公司	2013/1/6
185	北京和卡支付科技有限公司	2013/1/6
186	中信恒达支付有限公司	2013/1/6
187	厦门夏商电子商务有限公司	2013/7/6
188	云南银通支付管理有限公司	2013/7/6
189	北京度小满支付科技有限公司	2013/7/6
190	北京繁星山谷信息技术有限公司	2013/7/6
191	安徽百家汇支付有限公司	2013/7/6
192	杭州通策会综合服务有限公司	2013/7/6
193	上海索迪斯万通服务有限公司	2013/7/6
194	榆林元亨商务管理有限责任公司	2013/7/6
195	福建省银通商务服务有限公司	2013/7/6
196	圣亚云鼎支付有限公司	2013/7/6
197	广东信汇电子商务有限公司	2013/7/6
198	捷易付科技有限公司	2013/7/6
199	北京新浪支付科技有限公司	2013/7/6
200	湖南银河金谷商务服务有限公司	2013/7/6
201	武汉城市一卡通有限公司	2013/7/6
202	快捷通支付服务有限公司	2013/7/6
203	先锋支付有限公司	2013/7/6
204	汇明商务服务有限公司	2013/7/6
205	西安长安通支付有限责任公司	2014/7/10

续表

序号	机构名称	首次许可日期
206	山东运达电子商务有限公司	2014/7/10
207	瑞银信支付技术有限公司	2014/7/10
208	重庆联付通网络结算科技有限责任公司	2014/7/10
209	武汉合众易宝科技有限公司	2014/7/10
210	广州商物通网络科技有限公司	2014/7/10
211	广州市汇聚支付电子科技有限公司	2014/7/10
212	广州合利宝支付科技有限公司	2014/7/10
213	敏付科技有限公司	2014/7/10
214	乐刷科技有限公司	2014/7/10
215	深圳市讯联智付网络有限公司	2014/7/10
216	金运通网络支付股份有限公司	2014/7/10
217	邦付宝支付科技有限公司	2014/7/10
218	山东飞银智能科技有限公司	2014/7/10
219	北京理房通支付科技有限公司	2014/7/10
220	北京畅捷通支付技术有限公司	2014/7/10
221	广东盛迪嘉电子商务股份有限公司	2014/7/10
222	广东粤通宝电子商务有限公司	2015/3/26
223	传化支付有限公司	2015/12/8

注：2021年，9家支付机构退出支付服务市场，无机构新增获得许可，支付机构总数由232家减少至223家。

附录5　2021年废止的规章及规范性文件目录

序号	文件名称	文号
1	《支付机构客户备付金存管办法》	中国人民银行公告〔2013〕第6号

Financial Service Report
of the People's Bank of China, No.1, 2022

2021 China Payment System Development Report

Payment and Settlement Department
of the People's Bank of China

CHINA FINANCIAL PUBLISHING HOUSE

Contribution

Team leader

Wen Xinxiang

Deputy team leader

Fan Shuangwen
Yan Fang
Wang Sheng

Member of the editing team (in alphabetic order)

Chen Xue
Hu Bo
Wu Tong
Yang Qing
Yin Shi
Zhang Weihua
Zhang Xiaochen
Zhou Pengbo

Authors (in alphabetic order)

Gai Jing
He Zhenggen
Jia Liran
Jiang Qi
Kong Fandong
Li Linfeng
Liu Chang
Liu Yadi
Wang Chunxiao
Wang Yunyi
Wu Shuang
Xie Dan
Xu Jiwei
Xu Ming
Yin Shikui
Zhang Heng
Zhang Yuping
Zheng Yali

Preface

Development of the Payment System in China (hereinafter referred to as the *Report*) is one of the *Financial Service Reports* by People's Bank of China (PBC) and has been issued for 15 editions since 2006. The *Report* elaborates on the achievements in China's payment system. It has great reference value for those who care about and support China's payment system, especially those institutions and individuals who have participated in its construction and those readers who are dedicated to the research of payment systems. The *Report* also helps international community to understand the development of China's payment system and strengthens the communication on payment systems between China and other economies.

The 2021 *Report,* continuing the content structure of the 2020 edition, highlights seven parts, including "consolidated legal framework, improved infrastructure, strengthened regulation, enhanced services and the promotion of open-up policy". Part I introduces the institutional framework, including the release, amendment and abolishment of payment and settlement rules and regulations within the year. Part II describes the operations of the payment and market infrastructure, including payment systems, security registration and settlement systems and central counterparties. Part III illustrates the supervision and regulation on payment services market, covering major events such as advanced rectification of payment business of platform companies in a steady and orderly manner, continuously cracking down on cross-border gambling and telecom and online fraud, enhanced daily supervision over the payment and clearing market, made full use of industry self-discipline. Part IV introduces enhancement of payment services, including appropriately reduced payment fees for the MSBs, improved the quality and efficiency of bank account services, continuously optimized non-cash payment services, further pursued payment inclusion. Part V focuses on the open-up of the payment system, covering major progress of implementing strategies of "attracting investment" and "going global". Part VI provides an outlook of the payment system in 2021. In Part VII, the appendixes, we present major developments of China's payment systems, key indicators for payment system development, and a list of payment institutions.

For ease of reading, the *Report* follows the principle of "Characteristic, Critical and Crucial" and analyzes major events in the payment industry within the year through 10 columns and 9 case studies. The columns cover topics such as stronger supervision over client provisions to protect the legitimate rights and interests of consumers, introducing payment fee-reduction measures to directly benefit market entities, progress made in rectification of payment business of major payment and fintech platform, more efforts made to clean up funding chains related to telecom and online fraud, the pilot program of the integrated domestic and foreign currency bank settlement account system facilitated cross-border trade and investment, the PBC solidly supported the Winter Olympics through sound preparation and targeted services, advancement in mobile payment for people through joint forces of the Industry, better payment environment in rural areas through enhanced inclusion and availability, etc. The cases demonstrate unique working practices of branches of PBC and commercial banks, and distinctive features of payment and market infrastructures.

We would like to extend our sincere gratitude to China Securities Regulatory Commission for their strong support in the Report's drafting, and to China Construction Bank, Bank of Communications, Payment & Clearing Association of China, China National Clearing Center, China UnionPay Co., Ltd., Shanghai Clearing House Co., Ltd., Clearing Center for City Commercial Banks, Rural Credit Banks Funds Clearing Center, Cross-border Interbank Payments System Co., Ltd., NetsUnion Clearing Corporation, Shanghai Gold Exchange, Shanghai Commercial Paper Exchange, China Central Depository & Clearing Co., Ltd., China Securities Depository and Clearing Corporation Limited, Shanghai Futures Exchange and Dalian Commodity Exchange who have generously provided materials for the Report. In particular, we would like to thank the team at UnionPay International in translating the Report. Special thanks also go to China Financial Publishing House for their support in the publishing of the Report.

Despite our best efforts, the *Report* inevitably has its imperfections. We highly appreciate your suggestions and comments.

Wen Xinxiang

Director General of Payment and Settlement Department of the PBC

December 20th, 2022

List of Abbreviations

ACS	Accounting Data Centralized System
ADBC	Agricultural Development Bank of China
ASEAN	Association of Southeast Asian Nations
BEPS	Bulk Electronic Payment System
BIS	Bank for International Settlements
BoComm	Bank of Communications
CBIRC	China Banking and Insurance Regulatory Commision
CBGS	Central Bond Generalized System
CBS	Central Bank Bills Swap
CCB	China Construction Bank
CCDC	China Central Depository & Clearing Co.,Ltd.
CCP	Central Counterparty
CDB	China Development Bank
CDFCPS	China Domestic Foreign Currency Payment System
CDS	Credit Default Swap
CFFEX	China Financial Futures Exchange
CIPS	Cross–border Interbank Payment System
CLN	Credit–linked Note
CNCC	China National Clearing Center
CPMI	Committee on Payment and Market Infrastructures
CRMWs	Credit Risk Mitigation Warrants
CSDC	China Securities Depository and Clearing
CSIF	Cross–border Settlement Infrastructure Forum
CSRC	China Securities Regulatory Commission
DCE	Dalian Commodity Exchange
DvP	Delivery versus Payment
ECDS	Electronic Commercial Draft System
EMEAP	Executives' Meeting of East Asia–Pacific Central Banks
ETFs	Exchange Traded Funds
GBA	Guangdong–Hong Kong–Macao Greater Bay Area
HKMA	Hong Kong Monetary Authority

HVPS	High Value Payment System
IBPS	Internet Banking Payment System
INE	International Energy Exchange
IOSCO	International Organization of Securities Commissions
IRS	Interest Rate Swap
KYC	Know Your Customer
LOFs	Listed Open–Ended Funds
MLF	Medium–term Lending Facility
MPS	Ministy of Public Security
MSBs	Micro and Small Businesses
NDRC	National Development and Reform Commission
NUCC	NetsUnion Clearing Corporation
OCR	Optical Character Recognition
OMO	Open Market Operations
PBC	the People's Bank of China
PCAC	Payment and Clearing Association of China
PFMI	Principles for Financial Market Infrastructures
RPA	Robotic Process Automation
RCBFCC	Rural Credit Banks Funds Clearing Center
REITs	Real Estate Investment Trusts
SAFE	State Administration of Foreign Exchange
SAMR	State Administration of Market Regulation
SGE	Shanghai Gold Exchange
SHCH	Shanghai Clearing House
SHCPE	Shanghai Commerical Paper Exchange
SHFE	Shanghai Futures Exchange
SLF	Standing Lending Facility
SWIFT	Society for Worldwide Interbank Financial Telicommunication
WGPMI	Working Group on Payments and Market Infrastructures
ZCE	Zhengzhou Commodity Exchange

CONTENTS

Columns

Cases

Development Overview of the Payment System of China in 2021

2021 marked an important milestone in the history of the CPC and China. Facing the impact of the COVID–19 pandemic keeping resurging and the complex internal and external environments, the People's Bank of China (PBC) followed the guidance of Xi Jinping Thought on Socialism with Chinese Characteristics for a New Era and thoroughly implemented the guiding principles of the Party's 19th National Congress and the plenums of the 19th CPC Central Committee. It has been resolute on fully applying the new development philosophy, focused on the principle of pursuing high–quality development and continued to deepen supply–side structural reform as its main task. The PBC worked hard to drive the high–quality development of the payment industry, and fully utilized the fundamental role of payments in stabilizing economic growth, promoting development, benefiting people's livelihood and protecting employment. It earnestly implemented measures to ensure stability on six fronts and security in six areas, so as to consolidate the achievements in epidemic prevention and control and economic and social development, and contribute to achieving moderate prosperity in all respects throughout the country and to advance China's rural revitalization.

The PBC continuously enhanced the legal framework of payment and settlement. In 2021, the PBC adhered to the principles of "enacting, reforming, abolishing and interpreting laws and regulations". Starting with refining the regulatory frameworks over payment institutions, consolidating the institutional basis of payment services market, and optimizing the standards for payment infrastructures, it achieved positive progress in introducing and revising payment and settlement regulations and constantly making the regulatory framework in payment and settlement more systematic, comprehensive, applicable and effective. Through these efforts, it robustly supported the sound development of the payment system.

The PBC continuously improved the payment and market infrastructure. In 2021, the PBC coordinated the well–regulation, development and supervision of payments and relevant market infrastructures from a high–level, and continued to optimize the functions and deployment of the Payments and Market Infrastructures with a holistic view and with the worst–case scenarios in mind. The Payments and Market Infrastructures across the country were in a stable and efficient manner in 2021, with transaction of social funds constantly increasing, effectively leveraging the role of payment infrastructures as the "artery". All these contributed to China's economic and financial development as well as social stability. In 2021, various payment systems[①] processed 933.623 billion transactions for a total value of CNY 9,450.69 trillion, representing an increase of 27.53% and 15.32% respectively over the previous year.

The PBC comprehensively strengthened supervision of the payment service market. In 2021, the PBC worked with keen attention on implementing the guiding principles of the plenums of the 19th Central Committee of the CPC as well as the Central Economic Work Conference, as it improved supervision over payment institutions and continuously cracked down on funding chains related to cross–border gambling and telecom and online fraud. The PBC regulated the payment and settlement law enforcement inspections, optimized mechanism to handle complaints and reporting, improved equality and efficiency of the payment service market, and took measures to improve the management of payment terminals and strengthen the risk monitoring and handling of payment institutions. By doing so, the PBC fully strengthened the daily supervision over the payment market, facilitated the stable and smooth operation of the payment infrastructures, and gave full play to industry self–discipline. The payment system saw continuous development, with the governance of the payment market implemented in an orderly fashion. In 2021, by means of license non–renewal and voluntary withdrawal, 9 payment institutions exited the payment service market. The PBC prudently responded to the major matters filed by 29 payment institutions such as changes in the shareholding structure. The PBC imposed more than 320 penalties on banks and payment institutions in accordance with the law, with a total fine of more than CNY 90 million, which further strengthened the consensus among payment market participants on compliant development.

The PBC made concerted efforts to improve the level of payment services. Adhering to the idea of "payment for people", in 2021, the PBC thoroughly implemented the decisions and arrangements of the CPC Central Committee and the State Council on ensuring security in the six areas and stability on six fronts. It worked hard to facilitate the supply–side structural reform in the field of payment, improve the level of payment services, improve the business environment, thereby driving the growth of the real economy. It encouraged and guided the payment service providers to reduce fees for micro and small businesses (MSBs) and individual businesses to further surrender profits to the real economy. It innovated measures to improve the quality and efficiency of bank account services. It further promoted the Mobile Payment Convenience Project and drove the continued development of non–cash payments. It adhered to the philosophy of payment inclusion and thereby continued to optimize the payment environment in rural areas and close the digital divide. As of

① Various payment systems include the High Value Payment System (HVPS), Bulk Electronic Payment System (BEPS), Internet Banking Payment System (IBPS), China Domestic Foreign Currency Payment System (CDFCPS), intra–bank payment systems of banking institutions, interbank clearing system of bankcards, payment and clearing system and draft processing system for city commercial banks, payment and clearing system for rural credit banks, Cross–Border Interbank Payment System (CIPS), and Internet payment and clearing platform for non–bank payment institutions.

the end of 2021, the RMB bank settlement accounts in China totaled 13.664 billion, up 9.00% year on year. In 2021, there were 439.506 billion non–cash payments totaling CNY 4415.56 trillion, an increase of 23.90% and 10.03% respectively over the previous year.

The PBC comprehensively promoted the open–up of the payment system. The PBC, with a full understanding of the general situations at home and abroad, further drove the open–up of the payment market. It promoted the two–way open–up of the payment services market in a steady and orderly manner, continuously improved the cross–border payment infrastructure, encouraged the participation of domestic payment players competing in the international markets, and facilitated the international roll–out of payment services. It actively participated in the payments–related international events, enhancing exchanges and cooperation.

Part I
Institutional Construction of Payment and Settlement Laws and Regulations

- Improved the Regulations of Payment Institutions
- Consolidated the Institutional Basis of Payment Service
- Strengthened the Institutional Basis of Payment Market Supervision
- Improved Regulations and Specifications for Payment Infrastructures

A developed and efficient legal framework is of critical importance to secure the sound development of payment market, which lays a solid foundation for payment and settlement compliance. In 2021, the PBC adhered to the principles of "enacting, reforming, abolishing and interpreting regulations". Starting with refining the legal frameworks for supervision over payment institutions, consolidating the institutional basis of payment services and markets, and optimizing the standards for payment infrastructures, it achieved positive progress in introducing and revising payment and settlement regulations and constantly made the regulatory framework more systematic, comprehensive, applicable and effective. Through these efforts, it robustly supported the sound development of the payment system.

1. Improved the Regulations of Payment Institutions

1.1 Moved up the Regulations of Payment Institutions in the Legal Hierarchy

The PBC released the *Regulations on Non–Bank Payment Institutions* (Draft for Public Consultation) for public comments in January 2021. The Regulations aimed to better regulate the payment service market, guard against payment risks, and protect the legitimate rights and interests of the client. With the idea of combining functional regulation, penetrating regulation, institutional regulation, and regulation of business, the document clarified requirements for non–bank payment institutions (hereinafter referred to as payment institutions) in terms of their establishment, change, termination, business rules, supervision, and management, etc. The formulation of the Regulations has been included in the pipeline projects in the legislative work plan for 2021 of the State Council. The legislative process for the development of superior regulations in payment market supervision has seen a substantial step.

1.2 Released Management Policies for Client Provisions

The PBC released the *Measures for the Custody of Client Provisions at Non–bank Payment Institutions* in January 2021 to regulate the management of client provisions at payment institutions and protect the legitimate rights and interests of the client, and contribute to sound development of payment industry. The Measures standardized the centralized custody of such provisions, further refined their regulation in terms of deposit, use and transfer. It also clarified respective responsibilities of the PBC and its branches, clearing institutions, and related banks in management, and set penalty provisions for violations, to strengthen the supervision and custody of clients provisions. The *Measures for the Custody of Client Provisions at Non–bank Payment Institutions* came to effect on March 1,2021.

Column 1

Stronger Supervision over Client Provisions to Protect the Legitimate Rights and Interests of Consumers

Securing client provisions has been one of the top priorities for the PBC in the supervision of payment institutions in recent years. Following the arrangements by the State Council to address risks in Internet finance, the PBC completed the process to centralize the custody of client provisions of payment institutions on January 14, 2019. From then on, payment institutions and commercial banks no longer handled payment business through direct connection, and the entities in supervision of client provisions have also changed. The provisions regarding the custody mode of commercial banks and the reserve account system in the original *Measures for the Custody of Clients' Reserves of Payment Institutions* (Announcement No. 6 [2013] of the People's Bank of China, hereinafter referred to as the original Measures) were no longer applicable. The PBC issued the *Measures for the Custody of Client Provisions at Non-bank Payment Institutions*(hereinafter referred to as the Measures)as a department regulation in January 2021 to regulate the management of clients' reserve under central custody, protect the legitimate rights and interests of consumers, and contribute to the sound development of the payment industry. The Measures came to effect on March 1, 2021, and the original Measures were abolished at the same time.

The Measures lay more solid institutional groundwork for the regulation of client provisions of payment institutions under the new circumstances. Comparatively, the Measures primarily set clear requirements in the following five aspects: First, all client provisions should be deposited centrally at the PBC or a qualified commercial bank. Second, the transfer of client provisions should be processed by a clearing institution which meets the criteria. Third, the Measures stipulate the withdrawal and deposit of client provisions, and the scope and method of the transfer of own funds and make clear that the provisions transfer arising from compliant cooperation among payment institutions should be processed by a qualified clearing institution. Fourth, the Measures clarifies the responsibilities of the PBC and its branches, clearing institutions, and provisions banks over the supervision and management of client provisions. Fifth, the Measures add penalty provisions for violations concerning client provisions.

In response to the regulatory need after the centralized custody of client provisions was implemented, the Measures help build a corresponding supervision and management system made up of the PBC, its branches, clearing institutions and provisions banks. Specifically, the PBC and its branches regulate the custody of client provisions and conduct inspections. Clearing institutions supervise the deposit, use, and transfer of the client provisions in central custody accounts, and monitor risks thereof; provisions banks supervise the deposit, use, and transfer of client provisions in dedicated deposit accounts for prepaid card provisions, and carry out risk monitoring.

1.3 Improved the Regulations for Payment Institutions

The PBC introduced the *Administrative Measures for Reporting Major Events of Non–Bank Payment Institutions*in July 2021 to better regulate major event reporting by payment institutions, improve payment market's capability in risk screening, prevention, and resolution, and preserve stability of the payment market. The Measures, taking effect on September 1, 2021, clarified the scope of major issues, standardized the reporting process, and set requirements on regulation and responsibilities of payment institutions.

2. Consolidated the Institutional Basis of Payment Service

2.1 Released Regulations and Policies that Benefited the Public and Businesses

In order to fully implement the decisions and arrangements on "appropriately reducing payment fees for micro and small businesses (MSBs)" in the *Report on the Work of the Government (2021)*, the PBC, together with government authorities including the China Banking and Insurance Regulatory Commission (CBIRC), the National Development and Reform Commission (NDRC), and the State Administration for Market Regulation (SAMR), issued the *Notice on Reducing Payment Fees for MSBs and Individual Businesses* in June 2021. The document, which came into force on September 30, 2021, introduced 12 fee–reducing measures covering five aspects, namely, bank account services, renminbi settlement, digital banking, bank card using, and payment account services.

Column 2

Introducing Payment Fee–Reduction Measures to Directly Benefit Market Entities

The Central Committee of the CPC and the State Council highly prioritized the work where financial institutions lower fees and surrender profits for the benefit of businesses and the public. In recent years, the PBC has guided payment service providers to actively assume the social responsibility of serving the real economy, while developing the payment market and pursuing high–quality development of the payment industry. Since the COVID–19 outbreak, the PBC has worked with authorities including the China Banking and Insurance Regulatory Commission (CBIRC) in introducing multiple policies to support the financial sector and motivate the financial community to further reduce fees and waive benefit, so as to achieve the goals of ensuring stability on six fronts and security in six areas. The PBC, together with government authorities including the CBIRC, issued the *Notice on Reducing Payment Fees for MSBs and Individual Businesses* in 2021, guided industry associations to release fee–reducing initiatives, and launched 12 measures covering five aspects, namely, bank account services, renminbi settlement, digital banking, bank card using and payment account services, so as to further promote financial inclusion for MSBs and individual businesses and ensure the relief measures in the payment sector benefit market players in a more direct and targeted manner.

1. Precisely Reduced Fees to Boost Financial Inclusion

To ensure the relevance and effectiveness of payment fee–reduction measures, the PBC, having surveyed nearly 50,000 businesses nationwide through methods such as on–site visits or questionnaires, and conducted in–depth discussions with relevant authorities and payment service providers in such forms as seminars. Based that, the PBC focused the fee–reducing measures on basic payment services, which were most frequently used and in the greatest demand from the market entities including MSBs, individual businesses and consumers. By doing so, the PBC continuously drove financial institutions to surrender profits to the real economy, guided the payment industry to better serve the economic and social development and the needs of the public, and effectively enhanced the sense of gain and satisfaction of financial consumers.

2. Strengthened Policy Implementation

The PBC collaborated with related authorities and jointly introduced an array of supportive measures (together known as "one guideline, two mechanisms, and three improvements") to ensure that the payment fee–reduction measures extensively channeled precise and immediate benefits to market entities and that service quality remained unchanged in spite of fee reduction.

One guideline: it regulated the payment fee system and required banks and payment institutions to check and sort out the charges. These services providers were not allowed to implicitly raise payment fees by preceding the fee reduction with a rate hike or passing on the costs.

Two mechanisms: First, banks and payment institutions were required to establish the dynamic identification mechanism for MSBs to wisely identify such businesses. When it was hard to decide whether a business was qualified as an MSB, fees should be reduced whenever possible to benefit businesses and the public to the utmost. Second, a refund mechanism should be improved to correct mistakes in fee collection by banks and payment institutions. The refund procedures should be simplified to ensure that the fee–reducing measures benefited as many entities as possible.

Three improvements: First, policy explanation and awareness should be improved to ensure such policies were practical, instructive, and easy–to–use. Second, guidance over the counter should be improved. Major state–owned banks and clearing institutions should lead by example. Third, supervision and management should be improved. Government authorities including the PBC and CBIRC should follow their respective roles and responsibilities, supervise and check how payment fees were collected, and give more guidance to institutions that implemented policies inadequately.

After the introduction of the payment fee–reducing measures, major state–owned banks, payment institutions, and clearing institutions successively expressed their resolve to strictly implement the requirements and actively respond to the fee–reduction initiative, fostering a sound atmosphere for the payment industry to reduce fees and waive profits. From the launch of the fee–reducing measures on September 30, 2021 to the year–end, payment service providers of all types had waived profits of CNY 8.82 billion to the real economy, benefiting nearly 75 million market entities in total.

2.2 Established Service Guidelines for Specific Groups

In order to help improving the employment environment, establish a long–lasting mechanism for personal bank account services, and effectively solve the difficulty of opening personal payroll cards for moving employment groups, the PBC issued the *Guiding Opinions on Providing Personal Bank Account Services for Moving Employment Groups* in September 2021, in which 16 measures were brought up, for instance, to disburse wages by existing personal bank accounts, optimize opening process of personal bank account, and establish long–lasting mechanism for personal bank account services, etc. The PBC also issued the *Business Guidelines on Inter–bank Payroll Services of Banking Financial Institutions* and *Business Guidelines on simplified Personal Bank Account Opening Services.*

To optimize business environment, clean up funding chains related to cross–border gambling and telecom and online fraud, and effectively solve the difficulty of MSBs when opening accounts, the PBC issued the *Guiding Opinions on Optimizing Bank Account Services and Risk Prevention and Control for MSBs* in October 2021, which put forward 18 measures in such aspects as optimizing the bank account opening process, enhancing the transparency of bank account opening services, strengthening risk prevention and control, and establishing a long–lasting mechanism for bank account management. The PBC also issued the *Business Guidelines for simplified Account Opening Services for MSB Accounts* and the *Guidelines for the Negative List of Bank Account Opening Service for MSBs*.

3. Strengthened the Institutional Basis of Payment Market Supervision

3.1 Reinforced the Regulations for Crackdowns on Gambling and Fraud

In November 2021, the PBC, together with the Ministry of Public Security (MPS), formulated the *Work Plan for Tackling Funding Chains related to* Telecom *and Online Fraud and Cross–Border Gambling*, to fully implement the requirements of the CPC Central Committee and the State Council on the crackdown on cross–border gambling and telecom and online fraud, to step up efforts to clean up related funding chains and cut off such illegal transfers of funds by criminals involved in gambling and frauds, so as to firmly safeguard people's money. The plan prioritized the people, emphasized the systematic approach and rule of law, focused on addressing the root causes in an all–round manner. It kept calling for joint efforts in prevention and control and fully implemented relevant measures and make the industry regulators take their accountability. A five–year objective was proposed for managing funding chains related to telecom and online fraud and cross–border gambling, covering 29 measures in areas such as roles and responsibilities, mechanisms, regulations, risk control, information protection, technological application, accountability, and publicity.

3.2 Improved Payment Rules and Regulations

In order to maintain the payment market order and protect the legitimate rights and interests of consumers, the PBC issued the *Notice Regarding Strengthening the Administration of Payment Terminals and Related Business* in October 2021, which set clear requirements in payment terminals management, contracted merchants management, and acquiring business monitoring, clarified management of terminals that accept bank card and QR code payments, refined management of contracted merchants in terms of the verification and modification of information, and put forward requirements for transaction details management, information verification, terminal locations and fund settlement monitoring for the acquiring business. The *Notice Regarding Strengthening the Administration of Payment Terminals and Related Business* came into effect on March 1, 2022.

4. Improved Regulations and Specifications for Payment Infrastructures

In order to improve the institutional systems on the management and services of deposit accounts at the central bank, better achieve the policy objectives of the PBC, and enhance the quality and efficiency of such account services, the PBC drafted the Management *Measures on the Central Bank Deposit Accounts* (Draft for Public Consultation) in 2021 to clarify the scope of application, general principles, roles and responsibilities for account management, and put forward specific requirements in terms of account application and opening, change and revocation, use, disciplines and responsibilities, etc. The draft was released for public comments in November 2021.

Part II
Continued Improvement of Payment and Market Infrastructures

- Enhanced the Functions and Structure of the Payment Systems
- Facilitated the Sustained and Steady Operation of Securities Registration and Settlement Systems
- Orderly Promoted Infrastructure Development for Central Counterparties (CCP) Clearing

Sound Payments and Market Infrastructures provide the foundation for efficient, safe, and stable operation of economic and financial systems. In 2021, the PBC coordinated the standardization, development and supervision of payments and market infrastructures from a high-level, and continued to improve the functions and deployment of the Payments and Market Infrastructures with a holistic view and with the worst-case scenarios in mind. The Payments and Market Infrastructures were in a stable and efficient manner nationwide, with transactions of social funds and business volume of payment systems steadily growing. Besides, the payment infrastructures effectively played their role as the "artery". All these contributed to China's economic and financial development and social stability.

1. Enhanced the Functions and Structure of the Payment Systems①

1.1 High Value Payment System (HVPS)

In 2021, payments processed by the HVPS② kept growing, totaling 482 million transactions or CNY 6,171.42 trillion, respectively with a YOY decline of 5.95% and growth of 9.27%. Average amount per transaction was CNY 12.8038 million, a 16.16% increase YOY. The number of transactions processed per day③ was 1.9276 million in CNY 24.69 trillion. Most transactions occurred geographically in the eastern region of China. In 2021, payment transactions processed by the HVPS in the east region, the central region, the west region and the northeast region④ reached 296 million, 81 million, 80 million and 25 million respectively, accounting for 61.35%, 16.85%, 16.64% and 5.16% of the total respectively. The year-on-year growth rates of transactions in the four regions were –4.49%, –10.97%, –4.87% and –9.06% respectively. The transaction amounts in the four regions were CNY 5302.77 trillion, 381.65 trillion, 366.33 trillion and 120.66 trillion respectively, accounting for 85.92%, 6.18%, 5.94% and 1.96% of the total respectively, while the year-on-year growth of transaction amount in the four regions were 9.72%, 10.15%, 4.82% and 1.52% respectively.

① The transactions of the Automated Clearing House (ACH) have been migrated to the HVPS and BEPS since December 2020. Therefore, the transaction volume of the ACH will not be disclosed separately starting 2021.

② According to the nostro account payment statistics. Same below.

③ In 2021, the HVPS operated for 250 business days.

④ The eastern region includes Beijing, Tianjin, Hebei, Shanghai, Jiangsu, Zhejiang, Fujian, Shandong, Guangdong, and Hainan; the central region includes Shanxi, Anhui, Jiangxi, Henan, Hubei and Hunan. The western region includes Inner Mongolia, Guangxi, Chongqing, Sichuan, Guizhou, Yunnan, Tibet, Shaanxi, Gansu, Qinghai, Ningxia and Xinjiang. The northeastern region includes Liaoning, Heilongjiang, and Jilin.

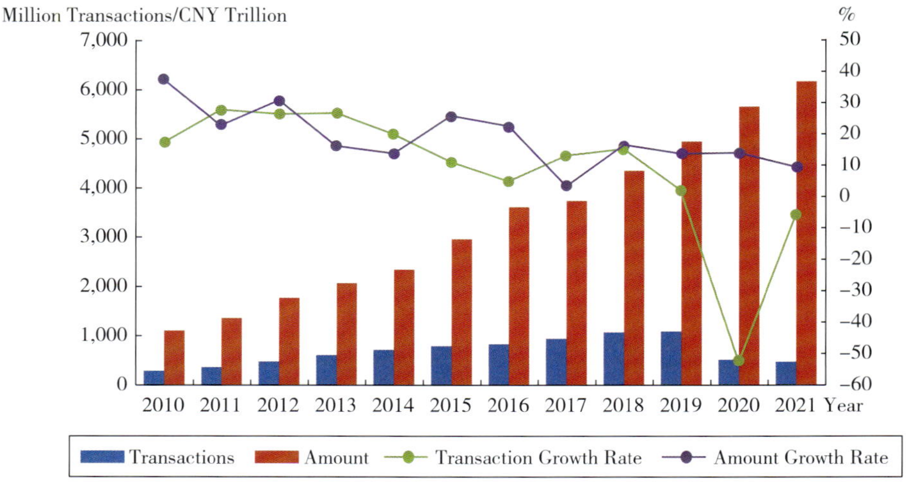

Figure 1 HVPS Business Trend 2010–2021

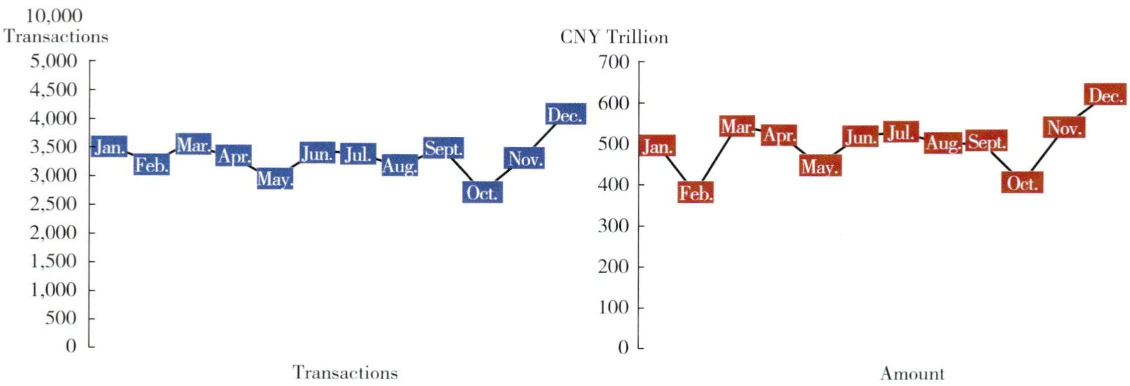

Figure 2 HVPS Business Trend 2021

1.2 Bulk Electronic Payment System (BEPS)

In 2021, the BEPS saw a continued growth in volume. It processed 3.881 billion transactions in CNY 162.55 trillion, with respective year-on-year growth of 12.21% and 10.67%. The average transaction reached CNY 41,900, a decrease of 1.38% YOY. The daily[①] number of transactions processed was 10.6318 million totaling CNY 445.344 billion.

① In 2021, the BEPS operated for 365 business days.

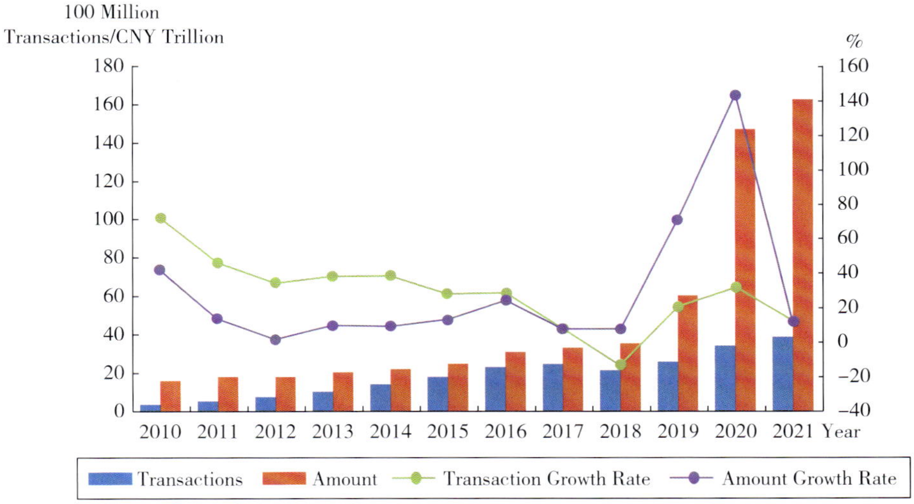

Figure 3 BEPS Business Trend 2010–2021

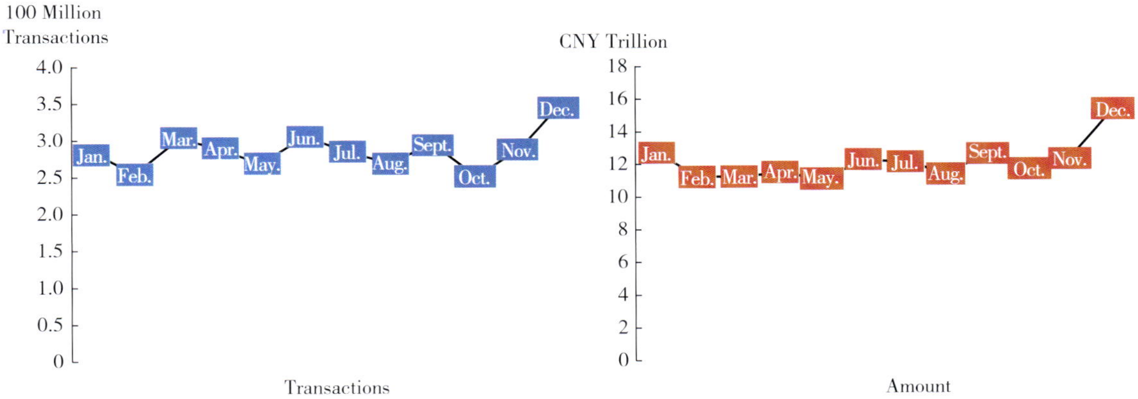

Figure 4 BEPS Business Trend 2021

1.3 Internet Banking Payment System (IBPS)

As of the end of 2021, a total of 225 institutions were directly connected to the IBPS. The system processed 17.491 billion transactions in CNY 273.76 trillion, up 11.95% and 34.53% year-on-year respectively. The average amount per transaction was CNY 15,700, an increase of 20.17% over the previous year. The system processed an average of 47.9215 million transactions in CNY 750.026 billion on a daily basis[①].

① In 2021, the IBPS operated for 365 business days.

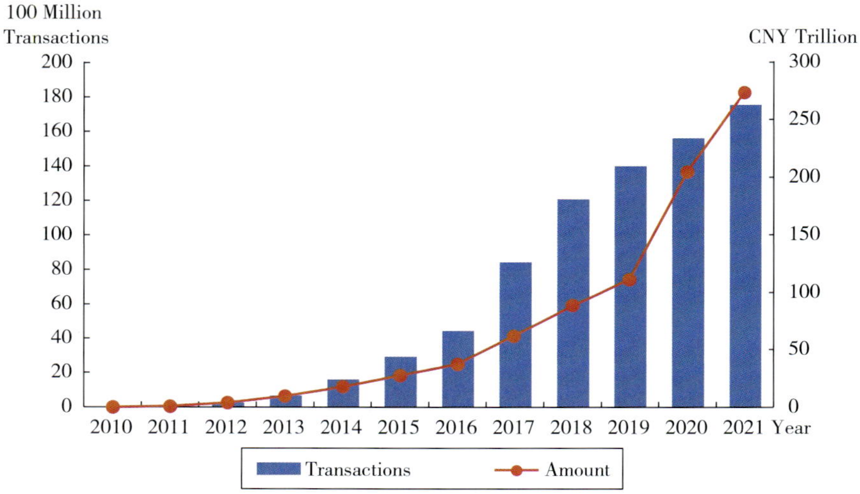

Figure 5 IBPS Business Trend 2010–2021

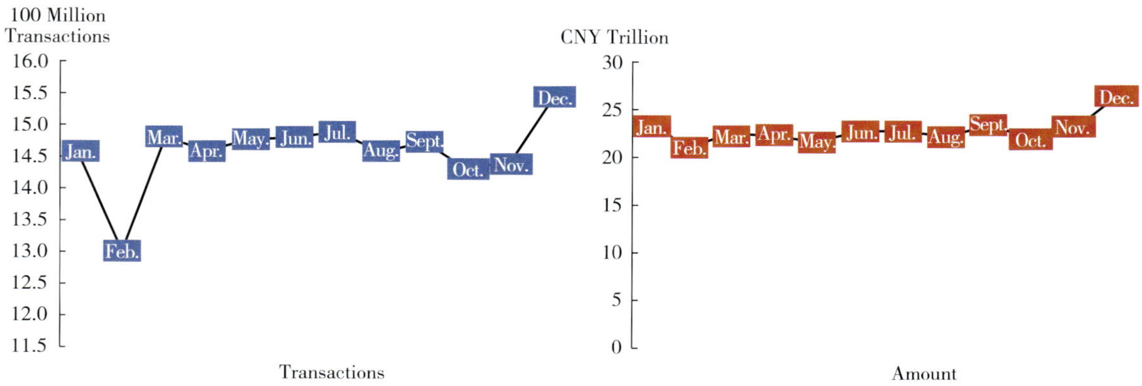

Figure 6 IBPS Business Trend 2021

1.4 China Domestic Foreign Currency Payment System (CDFCPS)

As of the end of 2021, the CDFCPS had four settlement agents, 75 direct participants and 932 indirect participants. The CDFCPS processed 4.1642 million transactions in USD 2.24 trillion (equivalent to CNY 14.46 trillion[①]), with year-on-year increase of 56.28% and 49.15% respectively. The volume per transaction was USD 537,900, a decrease of 4.49% year-on-year. The system processed 16,700 transactions in USD 8.954 billion (equivalent to CNY 57.858 billion) on a daily basis[②].

① The business volume of the CDFCPS was calculated and then converted to RMB on a quarterly basis using the exchange rate on the last trading day of each quarter.

② In 2021, the CDFCPS operated for 250 business days.

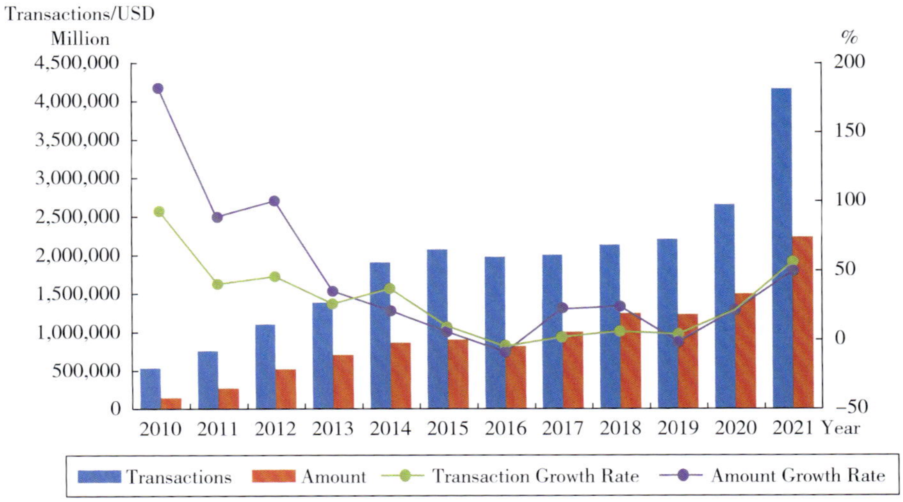

Figure 7 CDFCPS Business Trend 2010–2021

1.5 Central Bank Accounting Data Centralized System (ACS)

In 2021, the PBC actively optimized ACS services and functions and continued to promote online processing channels and liquidity pool, giving strong support to COVID–19 response. By the end of 2021, 3,952 financial institutions had connected to the subsystem of the ACS, accounting for 88.53% of the total. This is to meet the needs of financial institutions to process central bank business online and accelerate fund transfer. A total of 100 financial institutions utilized the function of liquidity pool, saving average liquidity of CNY 19.346 billion a day. The PBC extended the operating hours of the ACS for 77 times to facilitate business requests such as special central bank lending in support of the epidemic prevention an control, Open Market Operations (OMO), issuance of Medium–term Lending Facility (MLF) and Standing Lending Facility (SLF), and Central Bank Bills Swap (CBS), effectively ensuring policy funds being timely disbured to support production and supply. In 2021, the ACS operated smoothly and securely with system availability[①] reaching 100%. It processed 18.7388 million transactions. The daily average[②] business volume was 75,000 transactions.

① This refers to the ratio of uninterrupted system service operation time / actual operation time.

② In 2021, the ACS operated for 250 business days.

Column 3

DvP Settlement for the Standing Lending Facility and Central Bank Discounts

In May and July of 2021, the PBC issued the *Notice on the Delivery versus Payment Settlement for the Standing Lending Facility of Small and Medium-sized Financial Institutions* and the *Notice on the Delivery versus Payment Settlement for Central Bank Discounts* and launched the related settlement mechanisms in July and November, to speedy policy funds directly reach the real economy and relieve funding pressure of financial institutions.

The DvP settlement model of the standing lending facility (SLF) and Central Bank Discounts is as below: First, the ACS is directly connected to the bond depository system of the CCDC, the SLF exchange system of the China Foreign Exchange Trade System and the commercial paper system of the Shanghai Commercial Paper Exchange (SHCPE) to process all steps including bond/commercial paper transaction, pledging and financing in an automated and coordinated way, so as to complete the simultaneous delivery of bonds/bills and funds. Second, in terms of the operation, after a financial institution automatically pledges enough qualified bonds/commercial papers to the PBC through the bond depository system/commercial paper exchange system on the first installment, the PBC allocates funds to the financial institution through the ACS; on the maturity date, after the financial institution returns funds to the PBC through the ACS, the bond depository system/commercial paper exchange system automatically releases the bonds or commercial paper of the financial institution.

By the end of 2021, the PBC issued 156 SLFs to financial institutions through DvP settlement in CNY 1.915 billion, and issued 3,194 Central Bank Discounts in CNY 222.271 billion. The use of the DvP settlement mechanism has significantly made financing easier for financial institutions and improved the efficiency of implementing monetary policy vehicles. After the launch of the DvP settlement function, it only takes 1.5 minutes on average for financial institutions from initiating a request to complete delivery in contrast with 30 minutes it would take over the PBC counters in the past.

1.6 Cross-Border Interbank Payment System (CIPS)

In 2021, the business volume of CIPS① grew rapidly, with a remarkable increase in the number of

① The business data of CIPS are provided by the Cross-border Interbank Payment and Settlement Co., Ltd.

participants and in business coverage. As of the end of 2021, CIPS had 75 direct participants and 1,184 indirect participants based in 178 countries and regions around the world. In 2021, CIPS processed 3.3416 million transactions or CNY 79.60 trillion, with year-on-year growth of 51.55% and 75.83% respectively. The daily average[①] business volume was 13,400 transactions in CNY 318.4 billion.

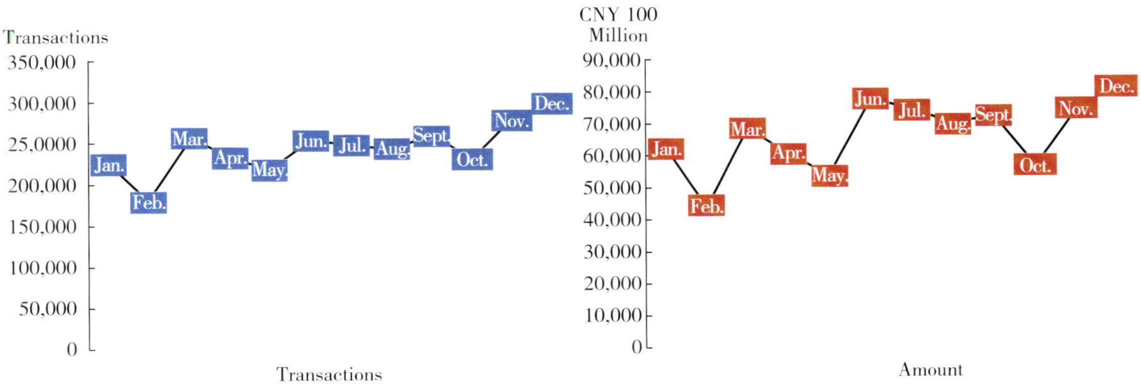

Figure 8 CIPS Business Trend 2021

1.7 UnionPay Interbank Payment System

In 2021, the UnionPay Interbank Payment System[②] saw significant growth in transaction counts, processing 208.004 billion transactions[③] throughout the year in CNY 226.95 trillion, increasing by 38.15% and 18.09% YOY respectively. It processed 570 million transactions totaling CNY 621.783 billion on a daily basis[④].

① In 2021, CIPS operated for 250 business days.

② The business data of the UnionPay Interbank Payment System are provided by China UnionPay Co., Ltd.

③ From Q2 2018, the transaction volume of the UnionPay Interbank Payment System only covered the clearing business and excluded inquiry, account verification and other transactions that were not related to the clearing business. From Q1 2019, the transaction volume of this system also counted the bank account-related online payment transactions initiated by payment institutions and processed by the system.

④ In 2021, the UnionPay Interbank Payment System operated for 365 business days.

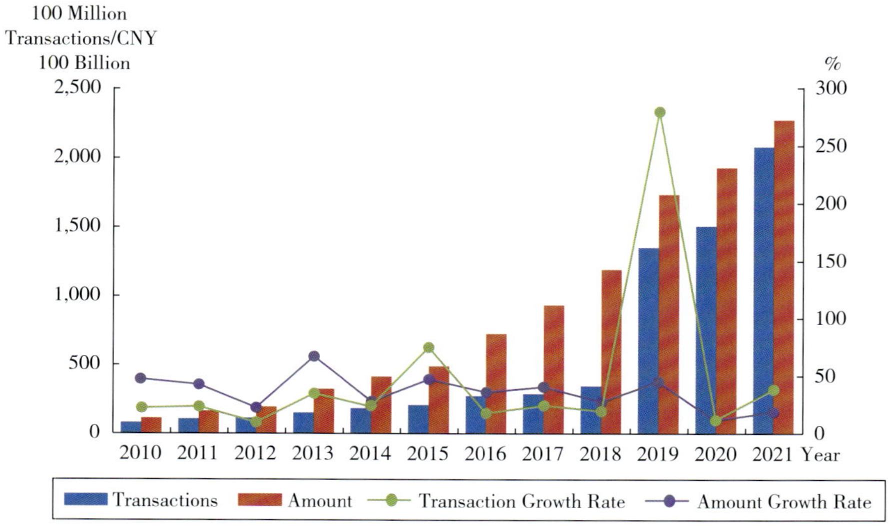

Figure 9 UnionPay Interbank Payment System Business Trend 2010–2021

1.8 NetsUnion Clearing Platform

In 2021, the business volume of the NetsUnion Clearing Platform[①] kept growing, processing 682.76 billion transactions in CNY 461.46 trillion, up 25.7% and 32.27% YOY respectively. The platform processed 1.871 billion transactions in CNY 1.26 trillion on a daily basis[②]. Its maximum transaction counts and value respectively reached 2.556 billion and CNY 2.22 trillion a day. The system success rate, clearing accuracy and timeliness of fund settlement, and availability of core application systems all hit 100%.

1.9 Draft System and Payment and Clearing System of City Commercial Banks[③]

In 2021, the business volume of the city commercial banks payment and clearing system grew

① The business data of the NetsUnion Clearing Platform are provided by the NetsUnion Clearing Corporation (NUCC). It refers to the volume of the online payment transactions initiated by payment institutions that involve bank accounts and are processed by the NetsUnion platform.

② In 2021, the NetsUnion Clearing Platform operated for 365 business days.

③ As per the PBC requirement of "breaking the direct connection between the third–party payment organizations and commercial banks", the third–party payment providers were to connect to the systems of UnionPay or NetsUnion. The business between commercial banks and payment providers, and that between the third–party payment organizations and members of City Commercial Banks Clearing or the Rural Credit Banks Funds Clearing Center would no longer count toward the total transactions processed by the intra bank systems of commercial banks, city commercial bank payment and clearing systemand rural credit bank payment and clearing system.

substantially, while the business volume of the draft processing system declined persistently[①]. As of the end of 2021, city commercial banks payment and clearing system had 258 members, processing 16.2625 million payments in CNY 1,862.633 billion, up 115.22% and 70.30% over the previous year respectively. As of the end of 2021, the draft processing system had 118 members. A total of 6,196 bank drafts in CNY 11.312 billion were issued via the system throughout the year, down 19.05% and up 14.82% year on year respectively. The system honored 1,562 drafts in CNY 3.947 billion, down 20.71% and up 1.67% year on year.

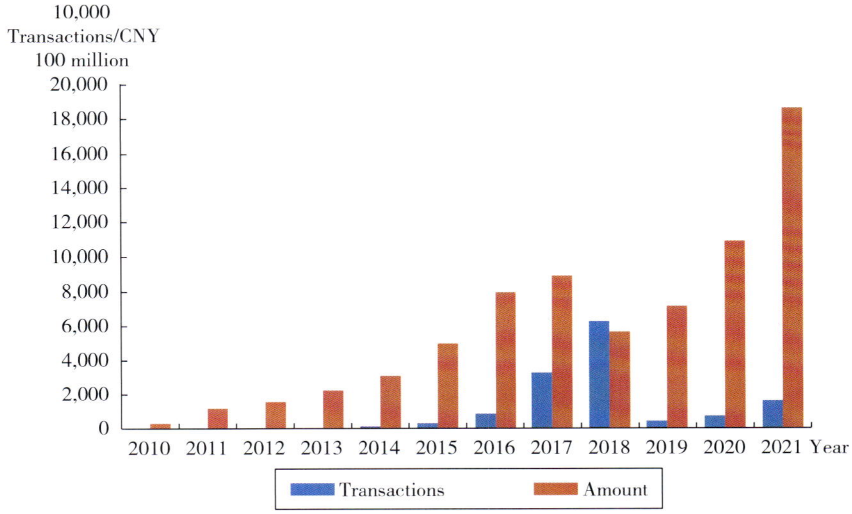

Figure 10 Payment and Clearing System for Clearing Center for City Commercial Banks Business Trend 2010–2021

1.10 Payment and Clearing System for Rural Credit Banks

In 2021, the Payment and Clearing System for Rural Credit Banks[②] saw relatively rapid increase in business volume. A total of 2.53 billion payments in CNY 3.27 trillion were processed in the year, up 45.57% and 23.85% YOY respectively. On average[③], 6.9317 million payments were processed per day, amounting to CNY 8.973 billion.

---

① The business data of the city commercial banks draft processing system and payment & clearing system are provided by the City Commercial Banks Clearing Co., Ltd.

② The business data of the rural credit banks payment and clearing system are provided by the Rural Credit Banks Funds Clearing Center (RCBFCC).

③ In 2021, the Payment and Clearing System for Rural Credit Banks operated for 365 business days.

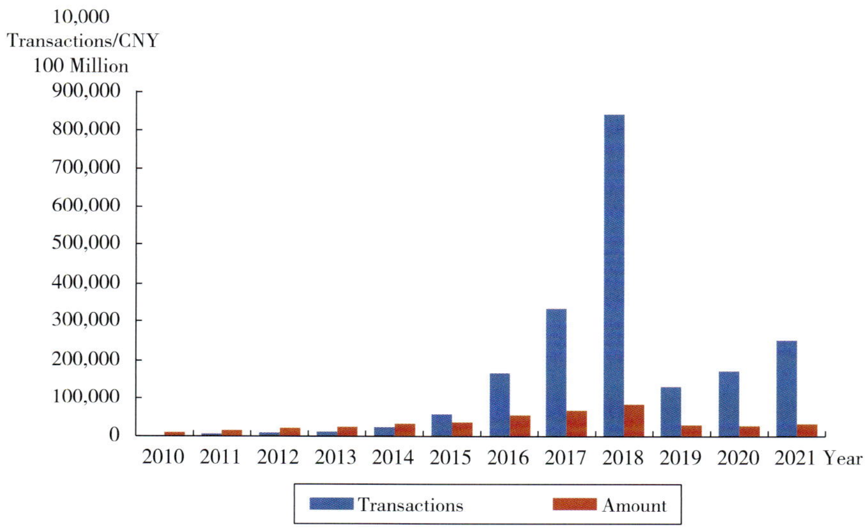

Figure 11　Payment and Clearing System for Rural Credit Banks Business Trend 2010–2021

1.11　Intra–Bank Payment Systems of Commercial Banks

In 2021, the business volume of the intra–bank payment systems of commercial banks saw fast growth. It processed 18.451 billion transactions in CNY 2,055.34 trillion, up 9.06% and 29.40% respectively over the previous year, accounting for 1.98% and 21.75% of total payments processed by all systems. On average the intra–bank systems processed 50.5505 million transactions in CNY 5.63 trillion on a daily basis①.

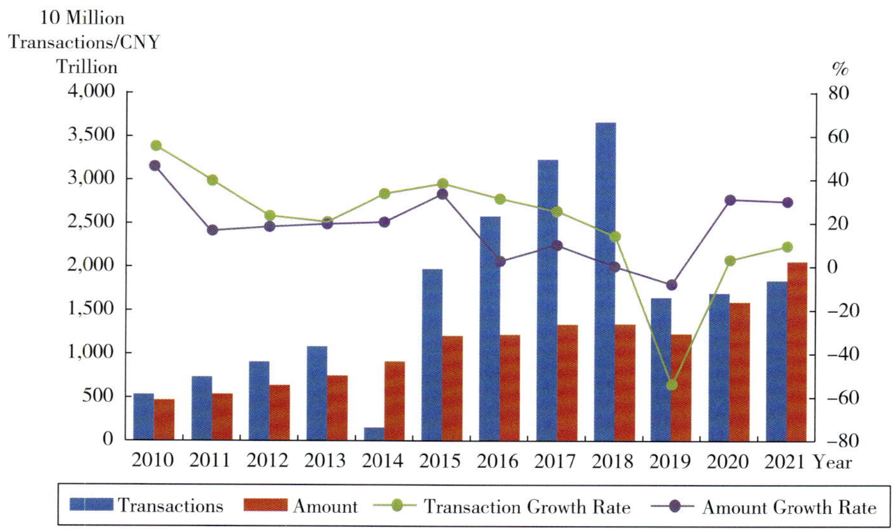

Figure 12　Intra–Bank Payment Systems of Commercial Banks Business Trend 2010–2021

① In 2021, the intra–bank payment systems of commercial banks operated for 365 business days.

2. Facilitated the Sustained and Steady Operation of Securities Registration and Settlement Systems

2.1 Electronic Commercial Draft System of Shanghai Commercial Paper Exchange

In 2021, the Electronic Commercial Draft System (ECDS) of Shanghai Commercial Paper Exchange (SHCPE) operated smoothly and its business grew steadily. Throughout the year, the system issued and endorsed 170 million electronic commercial drafts totaling CNY 80.55 trillion, up by 26.87% and 16.65% YOY respectively. It honored 27.3825 million drafts totaling CNY 23.99 trillion, an increase of 20.58% and 9.74% over the previous year respectively. A total of 9.6692 million discounting transactions were processed involving CNY 14.99 trillion, up by 33.47% and 12.03% YOY respectively. In 2021, a total of 620,100 commercial draft inter-bank discounting transactions were processed, involving CNY 46.94 trillion, up by 34.27% and 6.41% YOY respectively. A total of 48,000 pledge-style repos were processed involving CNY 21.70 trillion, up by 10.68% and 11.06% YOY respectively. A total of 3,806 outright repos were processed, involving CNY 1.28 trillion, up by 182.13% and 187.53% YOY respectively. Throughout the year, 23.4276 million DvP settlements of electronic commercial drafts were processed, totaling CNY 98.4 trillion, up by 22.55% and 14.79% YOY respectively.

2.2 Central Bond Generalized System (CBGS)

The annual bond registration and the total issuance increased rapidly in number. In 2021, 3,608 newly-issued bonds were registered by China Central Depository & Clearing Co., Ltd. (CCDC), including treasury bonds, local government bonds, policy bank bonds, credit assets-backed securities, commercial bank bonds, government-sponsored bonds, enterprise bonds and non-bank financial institution bonds, up 11.02% YOY. These bonds amounted to CNY 22.84 trillion, a YOY growth of 4.41%. Specifically, the issuance amount of treasury bonds reached CNY 6.68 trillion, down 4.87% YOY; local governmental bonds amounted to CNY 7.48 trillion, up 16.12% YOY; policy bank bonds hit CNY 5.03 trillion, up 2.68% YOY. Treasury bonds, local government bonds and policy bank bonds dominated new bond issuance, with a total issuance amount of CNY 19.19 trillion throughout the year, taking up about 84.04% of the total issued by CCDC.

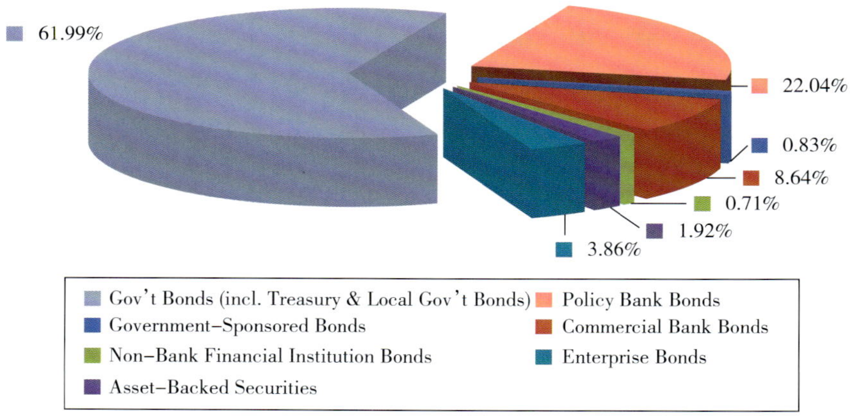

Figure 13 2021 CCDC Bond Issuance Distribution

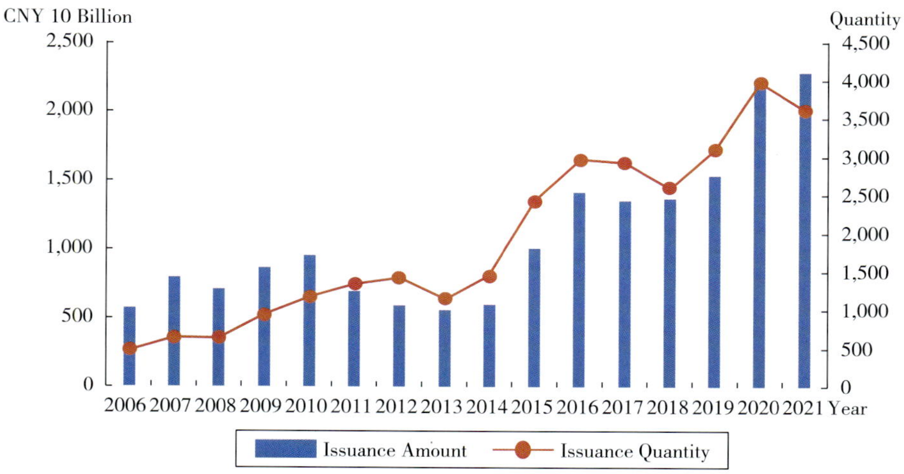

Figure 14 2006-2021 CCDC Bond Issuance Trend

Total custody amount in bond market maintained growth. As of the end of 2021, total bonds under custody reached CNY 132.44 trillion, among which, CNY 87.20 trillion was under custody of CCDC, up by 13.04% YOY, accounting for 65.84% of the total. In terms of the custody structure, the bonds under custody of CCDC were mainly treasury bonds, local government bonds and policy bank bonds, the sum of which took up 83.15% of total bonds under its custody.

Table 1 Custody Distribution in Bond Market by Year End 2021

In CNY Trillion

The Bond Market	In Custody
The whole market	132.44
CCDC	87.20
SHCH	29.00
CSDC	16.24

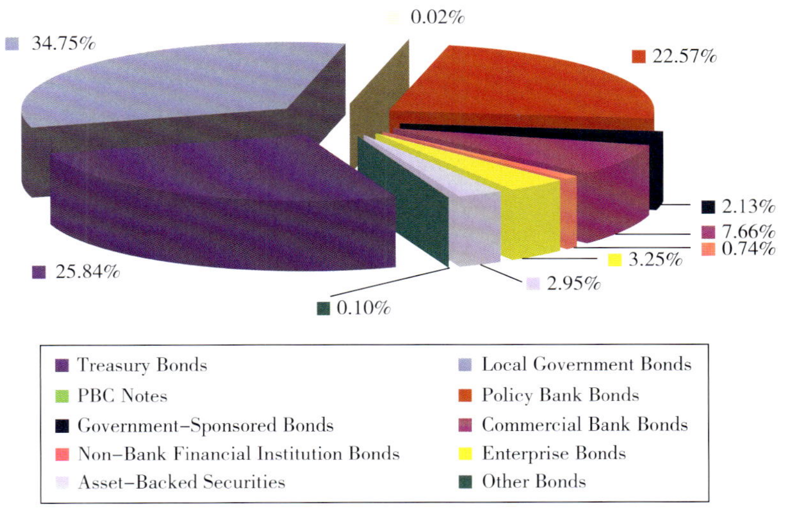

Figure 15 Bonds under Custody of CCDC by Year End 2021

The volume of bond market transactions and settlements continued to grow. In 2021, the settlement volume by CCDC totaled CNY 1,043.47 trillion, up by 10.63% year-on-year, accounting for 78.73% of the total CNY 1,325.40 trillion in bond market transactions. Among which, spot bond transactions reached CNY 141.47 trillion, with a decrease of 7.63% from the previous year; repo transactions reached CNY 892.20 trillion, increasing by 13.95% over the previous year.

Table 2 2021 Interbank Bond Market Settlement

Unit: CNY 100 million

Interbank Bond Market	Settled Amount
The whole market	13,253,963.60
CCDC	10,434,732.02
Spot trading	1,414,704.05
Repo	8,922,040.79
Bond lending	97,987.18
SHCH	2,819,231.58
Spot trading	705,757.55
Repo	2,113,474.03

Delivery versus Payment (DvP) settlements continued to grow. In 2021, DvP settlement participants in the inter-bank bond market continued to grow quickly. As of the end of 2021, DvP settlement participants in the inter-bank bond market totaled 31,079, among which 3,187 were newly registered. In 2021, the CCDC connected smoothly with the HVPS. The CCDC processed 8.1233 million transactions for bond market participants through DvP settlement, totaling CNY 1,848.10 trillion, up by 36.40% and 11.31% YOY respectively. In 2021, the average daily DvP settlement amount was CNY 7.39 trillion, a year–on–year increase of 10.87%.

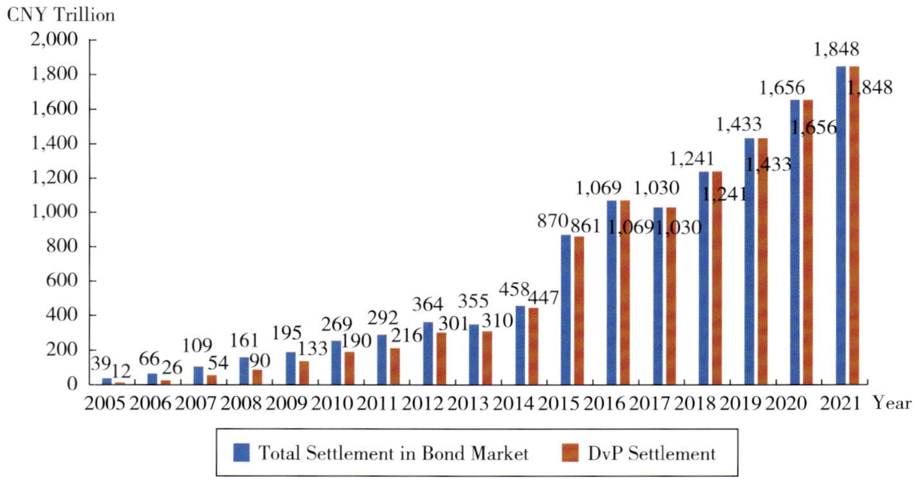

Figure 16 2005–2021 Settlement Trend of CCDC

Bond interest payments and redemptions saw continued rapid growth. In 2021, the CCDC completed a total of 29,400 bond interest payments and redemptions as well as issuance fee allocations for treasury bonds, local government bonds, policy–oriented financial debts, government–sponsored bonds, enterprise bonds, commercial bank bonds, and credit assets–backed securities, up 20.46% year–on–year. Interest payments and repayments reached CNY 15.71 trillion in total volume, with a year–on–year increase of 27.05%.

2.3 China Securities Depository and Clearing (CSDC) System

The investor base expanded continuously. As of the end of 2021, China Securities Depository and Clearing Corporation Limited (CSDC) had 197.4085 million investors, an increase of 19.6336 million from the end of 2020. Among them, 196.9391 million were natural person investors, an increase of 19.5814 million from the end of 2020.

Registered and deposited securities increased steadily in number. As of the end of 2021, 30,395 securities were registered and deposited at the CSDC at the Shanghai and Shenzhen Stock Exchanges, up by 16.94% year on year. Among them, 4,606 were A shares, 460 more than the end of 2020; 90 were B shares, 3 fewer than the end of 2020; 615 were treasury bonds, 2,966 local government bonds, 33 policy financial bonds, 2,073 enterprise bonds, 11,206 corporate bonds, 411 convertible bonds, 795 small and medium–sized enterprise private placement bonds, 645 exchange traded funds (ETFs), and 6,431 asset–backed securities, 11 real estate investment trusts (REITs), an increase in number by 199, 950, 9, 99, 2039, 33, 31, 266, 433, and 11 respectively; 504 were listed open–ended funds (LOFs), 8 monetary funds with real–time subscription and redemption, a decrease in number by 123 and 1 respectively compared to the end of 2020. One was closed-end fund, same as a year ago.

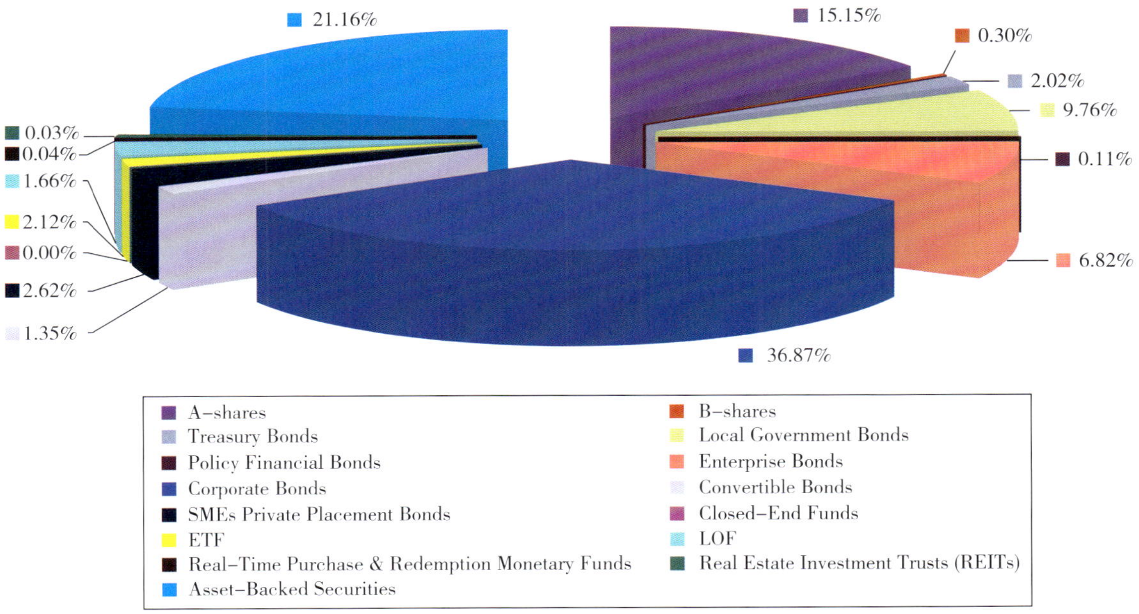

Figure 17 Distribution of Bonds Registered and Deposited in 2021

The face value of the registered and deposited securities increased steadily. As of the end of 2021, the face value of securities registered and deposited at the CSDC at the Shanghai and Shenzhen Stock Exchanges totaled CNY 26.60 trillion, up by 13.90% year on year. Among them, the face value of unrestricted A shares was CNY 6.16 trillion, unrestricted B shares CNY 28.07 billion, treasury bonds CNY 889.28 billion, local government bonds CNY 955.628 billion, policy financial bonds CNY 173.11 billion, enterprise bonds CNY 1,097.161 billion, corporate bonds CNY 11.75213 trillion, convertible bonds CNY 658.212 billion, small and medium-sized enterprise private placement bonds CNY 714.429 billion, closed-end funds CNY 10 million, ETFs CNY 739.064 billion, LOFs CNY 53.071 billion, real-time purchase and redemption monetary fund CNY 12.237 billion, REITs CNY 7.306 billion, and asset-backed securities CNY 2.503988 trillion.

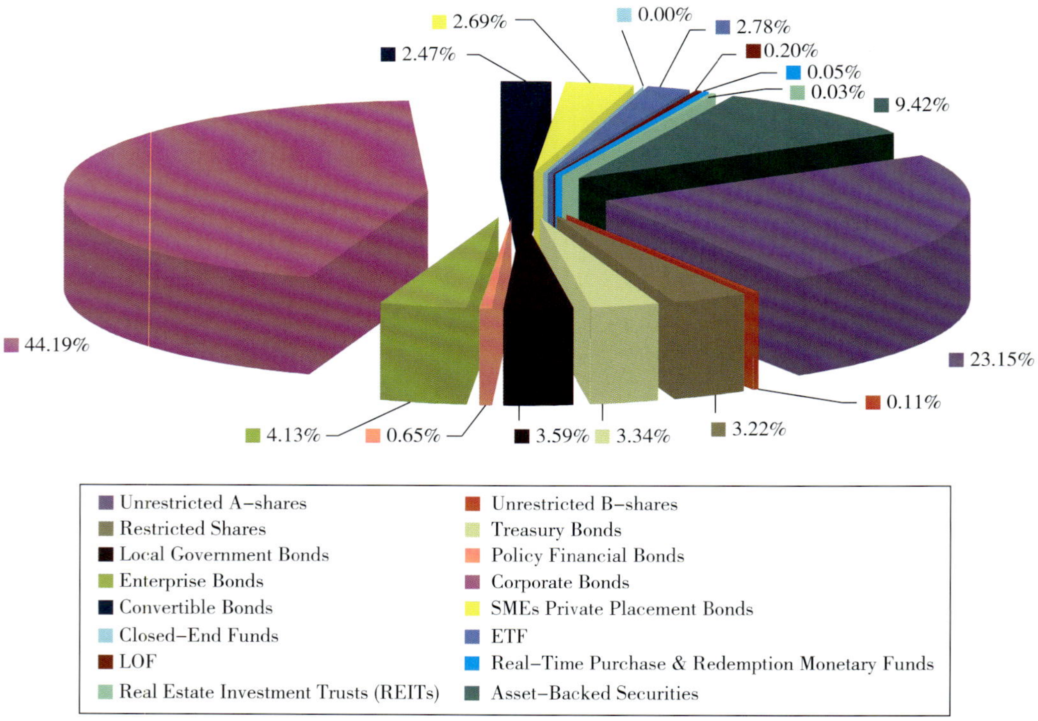

Figure 18 Face Value Distribution of Bonds Registered and Deposited in CSDC in 2021

Market value of unrestricted securities varies significantly. As of the end of 2021, the total market value of unrestricted securities registered and deposited at the CSDC from the Shanghai and Shenzhen stock exchanges was CNY 97.97 trillion, up 16.63% year on year. Among them, the market value of unrestricted A shares was CNY 78.06 trillion, unrestricted B shares CNY 130.124 billion, unrestricted treasury bonds CNY 911.114 billion, local government bonds CNY 956.329 billion, policy financial bonds CNY 175.884 billion, enterprise bonds CNY 937.587 billion, corporate bonds CNY 11.625782 trillion, convertible bonds CNY 822.985 billion, small and medium-sized enterprise private placement bonds CNY 705.993 billion, unrestricted closed-end funds CNY 989 million, ETFs CNY 1.401731 trillion, LOFs CNY 73.369 billion, real-time purchase and redemption monetary funds CNY 16.617 billion, REITs CNY 12.706 billion, and unrestricted asset-backed securities CNY 2.140437 trillion.

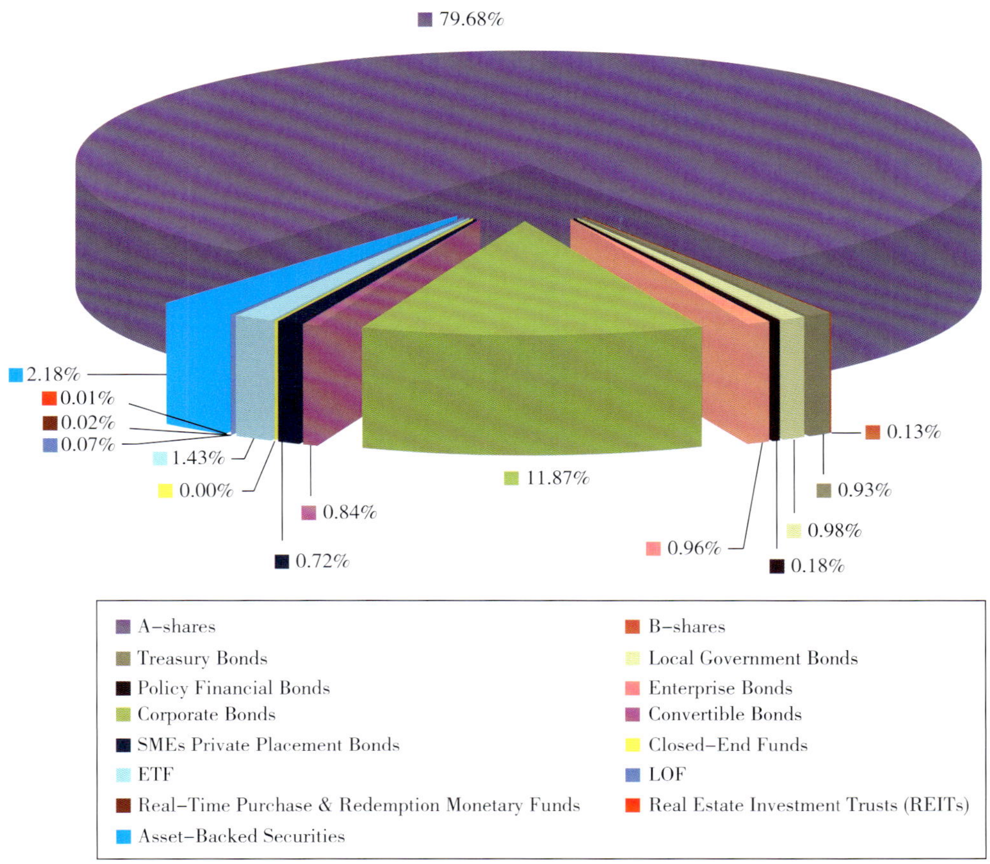

Figure 19 Market Value Distribution of Unrestricted Securities in 2021

2.4 Shanghai Clearing House (SHCH) Registration and Settlement System

The number of investors increased continuously. As of the end of 2021, the Shanghai Clearing House (SHCH) served 7,119 bond issuers and 31,553 investors, an increase of 8.70% and 10.34% over the previous year. The investors were 27,863 non-legal persons, 2,135 depository institutions, 1,242 overseas institutions (including investment products), and 367 non-bank institutions.

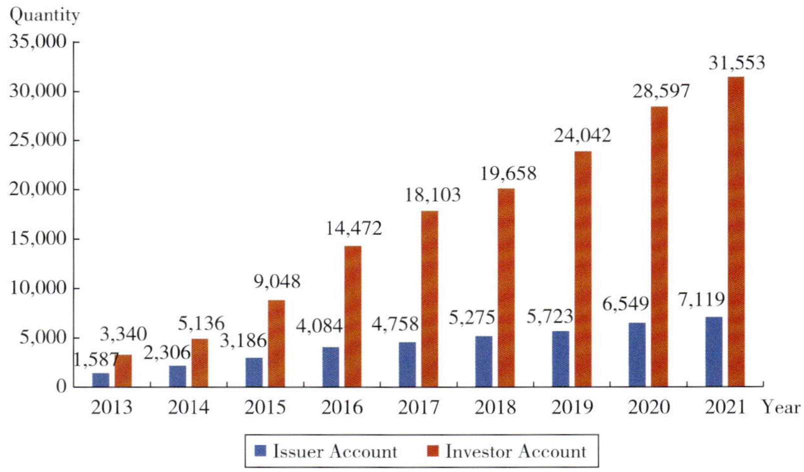

Figure 20 Trend in SHCH Account Opening 2013–2021

The numbers of newly–issued bonds under custody and bond repayments increased steadily. As of the end of 2021, 40,807 newly–issued bonds with a total face value of CNY 32.17 trillion were under the custody of the SHCH, up 7.03% and 12.27% year on year respectively; 38,509 bonds with a total face value of CNY 27.67 trillion were redeemed, up 2.30% and 4.50% year–on–year respectively. As of the end of 2021, 32,282 bonds were under the custody of the SHCH, with a custody balance of CNY 29.00 trillion, a year–on–year increase of 12.15% and 18.27% respectively. In terms of custody structure, the bonds under the custody of the SHCH were mainly interbank certificates of deposit, medium–term notes and private placement notes, the sum of which took up 83.69% of total bonds under its custody.

Table 3 Products Issued by and under Custody of the SHCH in 2021

Unit: CNY 100 Million

Issuance Structure	Face Value	Custody Structure by 2021 Year End	Custody Amount
Super & Short–Term Commercial Paper	46,487.93	Super & Short–Term Commercial Paper	18,767.42
Private Placement Note	8,518.83	Private Placement Note	23,761.98
Commercial Paper	5,199.78	Commercial Paper	5,306.72
Small and Middle–Sized Enterprise Collective Note	0.00	Small and Middle–Sized Enterprise Collective Note	0.00
Non–Financial Enterprise Assets–Backed Notes	6,454.36	Non–Financial Enterprise Assets–Backed Notes	9,158.14
Medium–Term Notes	25,088.15	Medium–Term Notes	79,713.55
Project Revenue Notes	49.30	Project Revenue Notes	131.40
Policy Bank Bonds	4,729.24	Policy Bank Bonds	6,899.84
Short–Term Financing Bonds of Securities Companies	5,937.00	Short–Term Financing Bonds of Securities Companies	1,699.00
Other Financial Bonds	453.60	Other Financial Bonds	3,463.60
Interbank Certificates of Deposit	217,922.88	Interbank Certificates of Deposit	139,138.72

continued

Issuance Structure	Face Value	Custody Structure by 2021 Year End	Custody Amount
Panda Bond	856.50	Panda Bond	1,494.20
Asset-Backed Securities	0.00	Asset-Backed Securities	355.31
Standardized Notes	0.50	Standardized Notes	0.00
Connectivity Bonds	51.47	Connectivity Bonds	109.00
Total	321,749.53	Total	289,998.88

Table 4 2018–2021 SHCH Business Statistics

Unit: CNY 100 Million

Year	2021	2020	2019	2018
Amount of Issuance	321,749.53	286,583.56	251,828.80	267,980.07
Custody Amount	289,998.88	245,192.36	223,490.43	198,188.98

Innovative products continued to grow. In 2021, the SHCH launched 138 credit risk mitigation warrants (CRMWs), with a total nominal principal of CNY 29.522 billion, up 81.58% and 99.26% YOY respectively, thus providing a wide range of services such as information disclosure, formal subscription, independent– and co–launch, centralized registration and custody, post–transaction clearing and settlement, monitoring, and valuation. As of the end of 2021, 160 CRMWs were under the custody of the SHCH with a total nominal principal of CNY 36.835 billion, a year–on–year increase of 83.90% and 90.31% respectively. There were 3 credit–linked notes (CLN), with a total nominal principal of CNY 250 million.

3. Orderly Promoted Infrastructure Development for Central Counterparties (CCP) Clearing

3.1 Shanghai Clearing House (SHCH)

In 2021, the SHCH continued to improve CCP clearing product innovation, services, and functions in the areas of interest rate derivatives, foreign exchange, credit derivatives, and commodity derivatives. In terms of interest rate derivatives, the SHCH launched standard bond forward business for ADBC (Agricultural Development Bank of China) Bonds, expanding the scope of underlying bonds from CDB (China Development Bank) bonds to ADBC bonds to meet diversified needs of the market. For foreign exchange business, the SHCH firmly guaranteed security of transactions and settlements by further developing maturities and varieties of the FX CCP clearing business and including day T+1 transactions and foreign exchange option portfolios, while expanding bilateral clearing services, optimizing foreign currency repo clearing services, and launching the new function of delivery versus payment (DvP). In 2021, the CCP clearing volume of the SHCH reached CNY 149.89 trillion, up by 18.15% year on year. The number of clearing members was 91, with each clearing business operating steadily and healthily.

Bond CCP clearing business. As of the end of 2021, there were 79 members for the bond CCP service including 7 general clearing members, 56 direct clearing members, and 16 clients. Annual clearing totaled CNY 3.76 trillion, down 75.04% over the previous year. In particular, spot bond transactions reached CNY 1.75 trillion, a decrease of 87.17% from the previous year; repo transactions reached CNY 2.01 trillion, a YOY decrease of 39.92%.

FX CCP clearing business. As of the end of 2021, the SHCH had 247 FX anonymous clearing members and 44 FX bilateral clearing members. Annual clearing totaled CNY 124.96 trillion, up 35.41% over the previous year. Specifically, clearing for FX anonymous spot trades reached CNY 95 million, and FX bilateral clearing CNY 124.01 trillion.

RMB interest rate derivatives CCP clearing business. As of the end of 2021, there were 389 members for the Interest Rate Swap (IRS) CCP clearing business, including 9 general clearing members, 40 direct clearing members, and 340 clients. Annual clearing totaled CNY 20.88 trillion, up 9.61% over the previous year. There were 95 members for standard bond forward CCP clearing business for the inter–bank market, including 6 general clearing members, 45 direct clearing members, and 44 clients. Annual clearing totaled CNY 261.48 billion, a decrease of 42.30% over the previous year.

Commodity derivatives CCP clearing business. As of the end of 2021, there were 683 members for the commodity derivatives CCP clearing business, including 7 general clearing members, 7 direct clearing members, and 669 clients. Annual clearing totaled CNY 26.19 billion, up 210.57% over the previous year.

Credit risk mitigation instruments CCP clearing business. As of the end of 2021, there were 24 members for the Credit Default Swap (CDS) CCP clearing business, including 5 general clearing members and 19 direct clearing members.

3.2 Shanghai Gold Exchange (SGE)

In 2021, the Shanghai Gold Exchange (SGE) primarily dealt with gold, silver, platinum, gold coins and other precious metals. As of the end of 2021, the SGE had 279 members, clearing CNY 28.77 trillion in total. The central counterparty clearing business of SGE covers price matching and benchmark price trading. Price matching contracts are classified into physical contracts, spot contracts, deferred contracts, and other derivatives contracts. Benchmark price contracts include Shanghai Gold contracts and Shanghai Silver contracts. In 2021, the SGE turnover of price matching and benchmark price trading reached CNY 12.02 trillion and CNY 506.623 billion respectively.

3.3 China Securities Depository and Clearing (CSDC)

By the end of 2021, the CSDC had opened 197.4085 million unified accounts for investors. The number of settlement participants in the Chinese mainland reached 198 (including 120 securities companies, 42 banks, and 36 other participants), 11 more than the figure in 2020. Currently, the CSDC has incorporated most securities traded in the exchange market into multilateral netting guaranteed settlement. The scale of multilateral netting decreased slightly. In 2021, 35.83 billion securities transactions were processed, with a value of CNY 1,686.43 trillion; netting settlements reached CNY 51.81 trillion, a decrease of 9.06% year on year.

3.4 Shanghai Futures Exchange (SHFE)

As of the end of 2021, the Shanghai Futures Exchange (SHFE) had 16 futures available for trading, i.e. copper, aluminum, zinc, lead, nickel, tin, gold, silver, rebar, wire rod, hot rolled coils, stainless steel, fuel oil, bitumen, natural rubber, and pulp, as well as 5 options including copper, gold, natural rubber, aluminum, and zinc. The Shanghai International Energy Exchange Corporation (INE), established by the SHFE, has launched 4 futures including crude oil, TSR 20, low sulfur fuel oil, and copper cathode and 1 option, i.e. crude oil for trading. As of the end of 2021, the SHFE had 201 members, among which 150 were futures companies and 51 non–futures firms. The INE had 161 members, among which 150 were futures companies and 11 non–futures firms. In 2021, the SHFE processed 2.371 billion lots (single–counting), with a value of CNY 193.11 trillion (single–counting), up by 14.39% and 37.92% respectively. The trading volume of the INE was 75 million lots (single–counting) or CNY 21.47 trillion (single–counting), up by 33.55% and 67.93% respectively.

3.5 Zhengzhou Commodity Exchange (ZCE)

In 2021, the Zhengzhou Commodity Exchange (ZCE) processed 2.5 billion lots (single–counting), with a value of CNY 107.95 trillion (single–counting), up by 50.45% and 79.66% YOY respectively. It processed 3.9996 million physical deliveries, up by 84.89% YOY.

3.6 Dalian Commodity Exchange (DCE)

As of the end of 2021, the Dalian Commodity Exchange (DCE) had 21 futures available for trading, including corn, No.1 soybean, No.2 soybean, soybean meal, soybean oil, palm oil, egg, fiberboard, plywood, corn starch, polished round–grained rice, hog, polyethylene (PE), polyvinyl chloride (PVC), polypropylene (PP), coke, coking coal, iron ore, ethylene glycol (EG), ethenylbenzene (EB), liquefied petroleum gas (LPG) etc., as well as 8 options including soybean meal, corn, iron ore, LPG, PE, PVC, PP, and palm oil. As of the end of 2021, the DCE had 150 futures firm members, 11 non–futures firm members and 16 margin custodian banks. In 2021, DCE's annual trading volume, futures and options included, reached 2.364 billion lots (single–counting), up by 7.11% YOY. Its turnover totaled CNY 140.46 trillion (single–counting), up by 28.63%.

3.7 China Financial Futures Exchange (CFFEX)

In 2021, the China Financial Futures Exchange (CFFEX) had 7 products in 3 categories available for trading, i.e., stock index futures including CSI 300 Index Futures, SSE 50 Index Futures, and CSI 500 Index Futures; treasury bonds including the 2–year, 5–year and 10–year China Government Bond Futures, and the stock index options including CSI 300 Index Options. Its annual trading volume in 2021, futures and options included, reached 122.0332 million lots (single–counting), up by 5.86% YOY. Its turnover totaled CNY 118.17 trillion (single–counting), up by 2.37%. The open interest at year end was 1.0951 million lots, a YOY increase of 28.12%.

Part III
Enhanced Regulation and Supervision of the Payment Service Market on All Fronts

- Advanced Rectification of Payment Business of Platform Companies in a Steady and Orderly Manner
- Made Major Progress in Continuously Cracking Down on Cross-Border Gambling and Telecom and Online Fraud
- Enhanced Daily Supervision over the Payment Market
- Strengthened Regulation and Supervision of the Payment and Clearing Market
- Fully tapped the role of Industry Self-Discipline

In 2021, the PBC strictly implemented the guiding principles of the plenary sessions of the 19th CPC Central Committee and the Central Economic Work Conference, kept improving the regulation of payment institutions, and continued cracking down on the funding chains related to cross-border gambling as well as telecom and online fraud. It standardized payment and settlement law enforcement inspection, optimized the complaint and reporting mechanism, improved quality and efficiency of the payment service market, strengthened management of payment terminals, and enhanced the risk monitoring and management of payment institutions, so as to comprehensively strengthen the day-to-day supervision of the payment market, ensure the steady and orderly operation of the payment infrastructure, and give full play to self-discipline of the industry. The payment system was continuously improved, and the payment market was managed in a regulated and orderly manner.

1. Advanced Rectification of Payment Business of Platform Companies in a Steady and Orderly Manner

In 2021, the PBC made progress in advancing the rectification of payment business of platform companies in a steady and orderly manner by resolutely implementing the decisions and arrangements of the Central Committee of the CPC and State Council, continuously attaching equal importance to compliance and development, implementing supervision over the payment business of platform companies in accordance with laws and regulations, constantly improving the rules and policies as well as the risk prevention and control system of the payment sector, strengthening the whole-process supervision for all areas, enhancing collaboration among different regulators, and resolutely investigating and imposing penalties on violations of laws and regulations. First, the PBC had several regulatory talks with 14 payment and fintech platform companies including the Ant Group and Tencent, and set requirements on self-inspections and self-rectifications in terms of guiding payment business back to its original role, maintaining fair competition, improving transparency of payments and protecting the legitimate rights and interests of consumers. It also urged the platform companies to strictly implement the rectification requirements to regulate the operation and development of the payment business. Second, the PBC timely established the rectification work group, and constantly improved relevant mechanisms of synergy between headquarters and branches, cross-departmental communication and coordination, regular reporting, and inspection to drive rectification. Third, the PBC improved regulations and accelerated the introduction of the *Regulations on Non-Bank Payment Institutions* to regulate the payment service market, prevent payment risks, and protect the legitimate rights and interests of consumers. Fourth, the PBC strengthened regulatory synergy as well as cross-departmental communication and coordination and gave full play to the joint force of regulators to accelerate the regulation and rectification of platform companies in a resolute and orderly manner.

Column 4

Progress Made in Rectification of Payment Business of Major Payment and Fintech Platform Companies

In recent years, with the boom of platform economy, risks have been accumulating due to monopoly by platforms, data monopoly, and disorder in competition. In the payment field, a small number of major payment and fintech platform companies, with advantages in data and funding, abused their market dominance to undermine fair competition, hinder innovation, infringe on the legitimate rights and interests of SMEs and consumers, and even pose risks to data security, information security and public interests and safety. Making greater anti–monopoly efforts and further promoting the implementation of fair competition policies have become the inherent requirements of improving the socialist market economy system. Since 2021, the PBC has resolutely implemented the major decisions and arrangements of the Central Committee of the CPC and the State Council on anti–monopoly and prevention of disorderly expansion of capital, adhered to the principles of fair regulation and strict supervision, given full play to the concerted efforts of financial regulators, steadily advanced the rectification of the payment business of platform companies, so as to guiding payment business back to its original role.

First, the PBC clarified the rectification requirements. Since December 2020, the PBC, together with financial regulators including the China Banking and Insurance Regulatory Commission (CBIRC), the China Securities Regulatory Commission (CSRC) and the State Administration of Foreign Exchange (SAFE), has held several rounds of regulatory talks with 14 Fintech platform enterprises engaged in financial business such as the Ant Group and Tencent. The talks mainly aimed at pointing out the problems in the payment business of these platform enterprises, setting self–inspection and self–rectification requirements in terms of guiding payment business back to its original role, maintaining fair competition, improving transparency of payments, and protecting the legitimate rights and interests of consumers. Platform enterprises were also required to consciously comply with the applicable laws and regulations and strictly implement the rectification requirements. By doing so, the authorities further regulated the operation and development of the payment business.

Second, the PBC established relevant working mechanisms. It set up a special working group on rectification of payment business of platform enterprises, formulated customized work plans for each company, refined the violation list and rectification plan for each payment institution of the platform enterprises. It created synergy between the PBC headquarters and branches, valued the regulatory role of PBC branches, regularly submitted reports on the rectification of platform enterprises, and improved communication between the headquarters and the branches, in order to urge the platform enterprises to align and implement rectification requirements according to uniform standards.

Third, the PBC strengthened coordination of different regulators. For difficulties in rectifying issues that fell under the authority of different regulators, the PBC effectively improved communication and coordination with these regulatory authorities, gave full play to synergy between different regulators, and firmly pushed forward the regulation and rectification of platform enterprises in an orderly way. For example. The PBC advised the national commerce and internet regulators to redress the limits in consumer payment options set by certain payment institutions. It also consulted the CBIRC and CSRC on the rectification requirements about helping the payment division of platform enterprises return to their original business.

At present, progress has been made for rectification of payment business of 14 platform companies including the Ant Group. Payment business of the large platforms is gradually returning to its original role and these companies are opening up their closed–loop payment scenarios in an orderly manner. In the next phase, the PBC will hold fast to the Two Unwavering Commitments, in line with the market–oriented principles in the pursuit of globalization and in accordance with the law, improve the rules and regulations in the field of payment, adhere to penetrating supervision, and urge the platform companies to continue implementing the rectification requirements, so as to constantly stimulate the vitality of market entities and boost technological innovation, maintain fair competition, and promote more sound, efficient, fair, sustainable, and secure development of the payment industry.

2. Made Major Progress in Continuously Cracking Down on Cross–Border Gambling and Telecom and Online Fraud

In 2021, the PBC, in accordance with the relevant arrangements of the Central Committee of the CPC and the State Council, made significant progress in breaking criminal funding chains by resolutely tackling such chains related to gambling and fraud, taking both comprehensive and systematic measures, making more efforts in supervision and crackdowns, and stepping up risk prevention and control in the payment industry.

First, the PBC continuously improved the top–level design. It issued the *Work Plan for Tackling Funding Chains in Telecom and Online Fraud and Cross–Border Gambling* in which 29 measures for the financial sector were raised, and comprehensively improved the synergy between different authorities in this area of work. Second, the PBC enforced accountability. It enforced accountability of the account opening banks in risk prevention and control, asked banks and payment institutions to verify and handle abnormal cases where multiple accounts were opened in the name of one individual, as well as dormant accounts. As many as 4.3 million suspicious accounts that highly matched the profile of perpetrators were handed over to the public security authorities, with 2.428 million alert messages sent in total. Third, the PBC effectively improved technological capabilities in risk prevention. It uncovered high–risk clues by using monitoring systems and took control measures for risky accounts after prompt verification. It also asked commercial banks to apply facial recognition in account verification to identify the real user. Many banks established this verification mechanism, resulting in constant improvement in risk monitoring and interception capabilities. Fourth, the PBC kept improving the joint prevention and control system. It continuously improved the functions of the risk incident management platform for new illegal and criminal transactions related to telecom and online fraud, facilitated the launch of fast inquiry function for gambling–related accounts, assisted the public security authorities with fund tracing and control, payment termination and account freezing, significantly improving their efficiency in tracking ill–gotten gains and recovering losses. The PBC, in conjunction with the Ministry of Industry and Information Technology, the State Taxation Administration and the State Administration for Market Regulation, operated the Online Verification System for Corporate Information, with a total of 110 million verifications completed, significantly strengthening the risk prevention and control for enterpises accounts. Fifth, public awareness continued to be improved. The PBC ran awareness campaigns to reject fraud and gambling and promote secure payment, and effectively raised anti–fraud and anti–gambling awareness among the public.

Column 5

More Efforts Made to tackle Funding Chains Related to Telecom and Online Fraud to Safeguard People's money

Resolutely implementing the instructions of Xi Jinping, General Secretary of the CPC Central Committee and following the arrangements made at the State Council's joint meeting, the PBC asked commercial banks, payment institutions, and clearing institutions to actively assist the public security authorities in blocking the channels for transferring gains from frauds. Yi Gang, Governor of the PBC, and Guo Shuqing, Secretary of the CPC PBC Committee, made the crackdown a priority, for which the party committee held special sessions. Remarkable results have been achieved in safeguarding people's Money from the height of taking the right political stance and adopting a people–centered approach, and a regular anti–fraud governance framework has taken shape in the financial sector. In 2021, the financial system was substantially more capable of identifying and intercepting funds, and successfully prevented a large number of people from being deceived. The monthly average of fraud–related enterprise accounts saw a 92% decline in number and the fraud–related value per consumer account fell by 21.7%. There were primarily five areas involved.

First, the PBC established prevention and control policies for anti–fraud in the payment sector. After a long–term study in collaboration with the Ministry of Public Security (MPS), the PBC proposed 29 measures for tackling the funding chains. The general administration departments of the two authorities jointly issued a document that proposed a long–lasting anti–fraud mechanism for the entire payment chain, covering aspects such as clarifying responsibilities, improving the legal framework, and driving the development and adoption of technological methods. The PBC improved the management policies for bank accounts and payment accounts, built a categorized and tiered account management system, consolidated the real name system of accounts, and developed the policies to monitor, identify, and block fraud–related transactions, so as to strengthen the supervision of payment institutions.

Second, the fraud–related fund transfer was blocked accurately. The PBC, in conjunction with the Ministry of Industry and Information Technology, the State Taxation Administration and the State Administration for Market Regulation, developed and operated the Online Verification System for Corporate Information to strengthen the risk monitoring of enterprise accounts, with a total of 74.4 million verifications done in 2021. The commercial banks and payment institutions were asked to be accountable for their registered accounts, merchants, and wallets. They needed to look into the accounts thoroughly and remove the abnormal ones including dormant accounts and frequently opened and closed accounts, and constantly improve the ability to monitor and intercept fraud–related funds. In the border areas of China and Myanmar prone to frauds, the PBC, together with public security authorities, experimented with new technologies to help identify 1,768 offenders engaged in fund transfer who were in the guise of cross–border backpackers. In 2021, the payment and settlement department of the PBC, together with the authorities in charge of anti–money laundering and foreign exchange, transferred 4.3 million suspicious accounts related to fraud to public security authorities, developed 13,000 monitoring models, and rejected 130 million suspicious transactions related to fraud.

Third, the PBC tracked ill–gotten gains and recovered losses to the utmost for the public. It developed the platform for investigating funds of telecom and online fraud. In 2021, commercial banks and payment institutions performed funds investigation, payment termination and account freezing for 150 million transactions in accordance with the instructions of the public security authorities, promptly intercepting CNY 329.1 billion fraud–related funds. Commercial banks sent 2.428 million early warning information about fraud–related transactions to public security authorities and avoided fund transfers to fraud–related accounts by a large number of people. The

PBC worked with the National Anti–fraud Center to develop the mechanism of monitoring and blocking risky transactions related to fraud and asked commercial banks to monitor in real time fraud–related beneficiary accounts and directly block relevant transactions.

Fourth, the PBC assisted the public security authorities in cracking down on account trading. Commercial banks provided 8,872 clues to the public security authorities about vendors who opened abnormal accounts at bank outlets. The PBC organized commercial banks and payment institutions to impose penalties such as a five–year account–opening ban on 52,000 entities and individuals that were deemed by the public security authorities as illegally trading accounts. It guided China UnionPay to implement the feature of "Card Query with One Click" on a trial basis and provided interbank account inquiry services for individuals for more than 720,000 times, facilitating the management of personal bank cards.

Fifth, equal importance was attached to risk prevention and optimization of services. The PBC resolutely tackled the difficulty in account opening arising from excessive prevention and control, issued guidelines on optimizing bank account services for micro and small businesses (MSBs) and individuals, and proposed 34 measures such as streamlining account opening and using existing accounts, so as to optimize services and continuously facilitate fund transfer for the public while preventing risks.

Next, the PBC will earnestly carry out the decisions and arrangements of the Central Committee of the CPC and the State Council, fully implement the prevention and control measures of the financial industry, practice the original purpose of "finance for people", strengthen the risk management system, and firmly safeguard people's money.

3. Enhanced Daily Supervision over the Payment Market

3.1 Regulated the Payment and Settlement Law Enforcement Inspection

In 2021, the PBC adhered to law–based administration, implemented the decisions of the Central Committee of the CPC, the State Council and the Party Committee of the PBC in specific inspections, valued regulatory synergy, supported crackdowns on frauds and gambling, and carried out investigations, so as to identify the root causes and promote more sound development of the payment market.

A. Improved law enforcement inspection mechanisms. First, the PBC established and improved the risk prevention and control system for payment and settlement law enforcement, refined requirements for integrity and confidentiality in law enforcement inspection, enhanced the binding force of disciplines, and standardized the implementation of regulations, to effectively achieve fair and compliant use of power in accordance with laws. Second, the PBC continued to prioritize hierarchical risk management in accordance with laws and regulations and supervision by legal persons, implemented requirements about three key areas of inspection, strengthened inspection of institutions under its jurisdiction with considerable risks, and performed investigations whenever it is necessary.

B. Highlighted the focus of inspections. First, the PBC paid close attention to the key areas of payment and settlement and prioritized in the inspection the implementation of eight policies that benefited businesses and people, such as guiding payment business back to its original role, maintaining fair competition in the payment market, preventing disorderly expansion of capital, reducing payment fees for micro and small businesses (MSBs), optimizing account services and business system management, and improving the quality and efficiency of bank account services. Second, it paid close attention to fraud–related and gambling–related risks and ramped up inspections in key areas of vital interest to the public, safeguarded people's savings, and closely followed the issues that resonated strongly with the public. Third, the PBC reviewed the experience and skills in inspecting bank accounts, payment accounts, suspicious transactions, risk prevention and control, and issued guidelines for on–site inspections regarding payment fee reduction for MSBs, bank account risk management, and optimization of services.

C. Gave full play to regulatory synergy. First, the PBC gave full play to the role of joint supervision by regulators including payment and settlement and anti–money laundering authorities. In 2021, the comprehensive inspections by the PBC resulted in penalty against more than 40 violations of payment institutions. Second, the PBC established and improved the mechanism of transferring gambling and fraud–related clues, examining the clues received from regulators including public security authorities and the Cyberspace Administration, and guided relevant banks and payment institutions to carry out on–site inspections.

3.2 Optimized the Handling Mechanism of Complaint and Reporting Implement Comprehensive Measures to Handle Reporting

In 2021, the PBC continued tracking, analyzing and addressing reported issues in the payment sector, investigated and verified the leads provided by the general public and examined each individual, case, and institution involved, leading to a significant YOY drop in the number of reporting in the payment field. First, it standardized the acceptance process for reports, focused on the common reports and frequently asked questions in the payment sector, compiled into a book of useful phrases, requests of the public, court rulings, standard response, as well as possible emergencies and treatment measures in reports handling, so as to provide precise and targeted responses to the questions of the public. Second, the PBC categorized the complaints and reports before handling them, and took differentiated steps for repeated reporting. It paid close attention to emerging issues and those that resonated strongly with the public, and proposed suggestions and solutions after deliberation. It conducted risk screening at crucial moments, to identify and address issues in an early stage, take precautions in advance, and comprehensively prevent risks of unreasonable reports. Third, strengthen the social monitoring and industry self–regulation mechanisms. The Payment and Clearing Association of China made full use of the industry self–regulation mechanism and improved the verification and handling of reporting from the public.

3.3 Improved the Quality and Efficiency of the Payment Market

In 2021, the PBC deepened the supply–side structural reform for the non–bank payment market, actively and steadily optimized the structure of the market, and effectively prevented and resolved risks. Based on the principle of controlled total, optimized structure, improved quality and orderly development, the PBC guided nine institutions to exit the payment market, renewed licenses of 90 payment institutions in a strict and prudent manner, approved the changes concerning the shareholding structure or registered capital of 29 payment institutions, and decreased the number of licensed institutions to 223, gradually moving the payment market towards a stage of high–quality development.

3.4 Strengthened the Management of Payment Terminals

The security and compliance of payment terminals is very important to protecting payment information and fund safety. In recent years, the PBC successively introduced regulations on bankcard acquiring, payment terminal security, QR code payment, playing a positive role in maintaining order of the acquiring market and protecting information and funds of the public. In 2021, the PBC issued the *Notice by the People's Bank of China Regarding Strengthening the Administration of Payment Terminals and Related Business* to better manage risks of payment terminals and related business, effectively break funding chains related to crimes including cross–border gambling, and protect the legitimate rights and interests of consumers. The document further standardizes the management of payment terminals and contracted merchants, starting with multiple entities and aspects that were involved. For instance, for the life–cycle management of bankcard payment terminals, the PBC asked acquirers to take responsibility for acquiring business and clearing institutions to maintain the order of their own network in line with the accountability mechanism for owners of terminals and networks. Following the principle of aligning standards for businesses of the same kind, the PBC considered the similarities and differences between QR code payment terminals and traditional bank card acceptance terminals, and implemented categorized management of QR code payment terminals for contracted merchants. Targeted requirements were set for fund collection codes of individuals to make such codes more financially inclusive and easy–to–use, so long as the risk was under control. All these efforts aimed to accelerate the development of a management system where payment market participants performed respective duties and supervision was done through joint efforts.

3.5 Enhanced Daily Supervision of Payment Institutions

To prevent payment risks and protect the legitimate rights and interests of customers, the PBC kept reinforcing risk monitoring and resolution of payment institutions in 2021 and effectively maintained the order of the payment market. First, it comprehensively strengthened regulation of client provisions of payment institutions. The PBC issued the *Measures for the Custody of Client Provisions at Non-bank Payment Institutions* to further clarify the business processes and responsibilities, implement the work related to the custody of clients' provisions and risk monitoring in an orderly manner, improve the efficiency of collaboration among participants, and effectively ensure fund safety and protect the legitimate rights and interests of consumers. Second, it regulated the reporting of major matters. The PBC issued the *Administrative Measures for Reporting Major Events of Non-Bank Payment Institutions* to achieve early risk identification, alerts, and resolution, enhance the risk monitoring and analysis capabilities of the PBC, and to further strengthen proactive supervision. The document clarified the scope of major events as well as the time limit, recipient, content, and obligation of reporting, and improved the ability of payment market in identifying, preventing and defusing risks, thus ensuring stability of the payment market. Third, the PBC completed the categorization and rating of over 200 payment institutions in an orderly way.

4. Strengthened Regulation and Supervision of the Payment and Clearing Market

In order to maintain compliant development and orderly competition of the payment and clearing market, the PBC comprehensively strengthened management of the business and participants in payment systems and effectively prevented payment and clearing risks. First, the PBC maintained fair competition for the clearing market, guided clearing institutions to focus on their main responsibilities and businesses and operate within their approved scopes. The clearing institutions were asked to follow the principle of facilitating smooth transition and delivering frictionless services, and conducted business migration in an orderly way. These efforts helped to create a clearing market with committed players and fair competition. The PBC guided the RCBFCC to access the payment system as an agent of village banks, and helped them improve their financial services. As of the end of 2021, 33 village banks signed agreements to access the payment system of the PBC through the RCBFCC. Second, the PBC improved the security capability, solidly implemented the revisit inspections of the original Automated Clearing House (ACH) business, asked clearing institutions to optimize the operation and maintenance mechanism, ensured adequate system risk screening and rectification, and strengthened the daily monitoring and reporting of business continuity. It managed to guarantee business continuity during key periods such as Two sessions, the Lunar New Year, China's National Day holiday week, and the November 11 shopping spree, and successfully responded to challenges including peaks of business, COVID–19 outbreak, and natural disasters.

5. Fully tapped the role of Industry Self–Discipline

In 2021, the Payment & Clearing Association of China (PCAC) constantly ramped up industry self–discipline. First, it took multiple steps to crack down on funding chains related to telecom and online frauds and cross–border gambling. It continuously conducted monitoring and investigation of gambling–related clues, launched the risk screening system for payment channels of gambling–related websites, organized multiple risk screening campaigns, drove rectification with inspections, and precisely closed gambling–related loopholes, with a total of 8,378 accounts and 127 merchants related to gambling identified throughout the year. It optimized the measures of jointly investigating risks of gambling–related transaction details and settlement fund, upgraded the investigation system for risk events, carried out 48 self–investigations and 42 joint investigations, identified 389,000 suspicious transactions related to gambling, and restored 415 gambling–related funding channels throughout the year. Second, it ran extensive awareness campaigns regarding the crackdowns on telecom and online fraud and cross–border gambling. It publicized primary techniques and typical cases of cross–border gambling fund transfer, jointly carried out publicity campaigns with its members, and reached more than 5 million people with anti–gambling and anti–fraud publicity materials. It distributed more than 700,000 leaflets and sent 249 million text alerts, continuously released 16 anti–fraud cartoons and video clips, and pushed 14 telecom and online fraud cases through the WeChat official account. Taking the opportunity of National Fraud Awareness Day on June 29, the PCAC launched intensive awareness campaigns on crackdowns of fraud with the theme of "Stay Away from Frauds to Safeguard the Old and Young". These events were accessed by 214 million people, and soon created a strong anti–fraud and anti–gambling atmosphere, raising the awareness of the general public to reject gambling and fraud. Third, the PCAC exercised synergy in the self–regulatory management. It comprehensively adopted methods such as self–regulatory standards, evaluation, inspection, reporting and incentives to guide members to operate business in a compliant and standardized manner. In 2021, self–discipline evaluation was completed over 200 payment institutions and the PCAC conducted off–site supervision and inspection over the self–regulatory work of more than 660 institutions. A total of 2,994 reports and complaints were received throughout the year, down 36.4% year–on–year. The PCAC made greater efforts in investigating and cracking down on reported issues. Specifically, it took self–disciplinary actions such as warning, interview with senior management, notification of criticism, and order for rectification against 137 non–compliant institutions. The key non–compliant institutions and issues that received a high number of reports and complaints were publicized industry–wide to create deterrence against such violations. Fourth, the PCAC strengthened the self–discipline of outsourced acquiring services. It revised the Guidelines for the Dynamic Rating of Outsourced Acquiring Service Providers, completed the 2020 rating for outsourced acquiring service providers, and published the results covering 8,926 entities, up by 36.05%. The PCAC asked members to terminate cooperation in an orderly manner with outsourced service providers rated as E with a termination rate of 80%, which effectively provided positive guidance. It continued to facilitate the filing and documentation of outsourced service providers. As of the end of 2021, 13,400 outsourced service providers completed filing. The PBC improved self–regulatory management of registered providers and formulated the self–discipline and Industry Standards for Outsourced Acquiring Service Providers to further improve the level of compliant development of the service providers. Fifth, the PCAC deepened joint prevention of industry risks. It developed a joint meeting mechanism for information sharing against industry risk and timely released risk alerts to enhance industry information sharing and prevent the provision of settlement services for malicious fund deductions. It effectively used technology to facilitate risk information sharing for the industry. As of the end of 2021, the risk information sharing system for the industry added 594,200 pieces of valid risk information and pushed 4,742 blacklisted merchants. Nearly 41,000 pieces were addressed by participants in such forms as market exit. The PCAC upgraded the Information Management System of Contracted Merchants, revised the supporting measures, and improved the information sharing mechanism of contracted merchants to better meet the needs of acquirers for merchant onboarding review and risk control. As of the end of 2021, 10.41 million pieces of basic information were added to the Information Management System of Contracted Merchants, and participating organizations initiated a total of 26.51 million inquiries, with a 50% success rate.

Case 1

The PBC Branches Addressed the Root Causes of Telecom and Online Fraud with Remarkable Results

The Shanghai Head Office of the PBC adopted "one dedicated line, two lists, three mechanisms, and four innovations" to comprehensively combat telecom and online fraud. Firstly, it built a dedicated line for information sharing between the police and the banking sector to improve the efficiency of bank account risk treatment. The two–way data sharing line between the

Shanghai Head Office and the Shanghai Municipal Public Security Bureau (PSB) was laid. It provided information interaction services to the city's banks through the city's financial network, effectively improving the efficiency of collaboration between the banks and the PSB. Secondly, it implemented two sets of lists for bank account management to categorize the risks in bank accounts and handle them accordingly. Specifically, these lists were categorized as black, gray and white. Thirdly, it improved three joint regulatory work mechanisms to enhance collaboration in the crackdown of telecom and online fraud. It signed the *Memorandum of Cooperation on Strengthening Police and Bank Collaboration to Maintain the Stability of Shanghai Payment Service Market* with the Shanghai Municipal PSB. It worked to improve the information sharing mechanism. The Shanghai bank account service information system was directly connected with Shanghai's industrial and commercial registration information database to monitor businesses with suspicious characteristics such as multiple accounts registered under the same company, address, individual or mobile number. Fourthly, it launched the pilot of four innovative measures and set Shanghai as an example in the crackdown on the fraud. It piloted simplified account opening services, the parallel application of electronic business licenses and electronic stamps, categorized and tiered management of enterprise accounts, and "Card Query with One Click" feature for which it guided China UnionPay to first enable Shanghai users to check the bank accounts they had opened in the UnionPay App.

The Jinan Branch continuously enhanced the capability of account risk prevention and control through both responsive and preemptive measures. Firstly, it cut down the risk of the existing accounts from the source. It joined forces with the Public Security Department of Shandong Province to establish a mechanism for quick investigation and disposal of fraud-related accounts so as to realize the "daily removal, quick control and extensive investigation" and improve the efficiency of the disposal of accounts involved in cases. The Branch implemented a tracking mechanism for accounts involved in cases with "tracking by the banks that open the account – verificating by the local PBC branchess" in order to enforce accountability of those managing bank accounts. Secondly, it reinforced its security technologies to curb the risk of new accounts. It continuously gave full play to the Shandong Provincial Bank Settlement Account Information Management System and risk monitoring tools. It timely updated the province-wide risk database to achieve the sharing of risk information with banks all over the province. Thirdly, it ramped up its crackdown through joint prevention and control efforts. It rolled out a 24/7 emergency contact mechanism to investigate and control accounts involved in criminal cases. Meanwhile, it collaborated with other local organizations such as the public security department, market regulators and banks to intensively eliminate the entity bank accounts of businesses involved in criminal cases. The Branch and Shandong Public Security Department jointly held regulatory talks with and paid supervisory visits to the banks or municipalities found with large numbers of bank accounts involved in criminal cases. Fourthly, it created a good atmosphere against fraud and gambling through awareness campaigns. It held various activities, including seminars, online tests, themed training and quizzes in account risk prevention and control, to continuously improve the ability of bank employees in risk identification and prevention. It effectively notified the account owners, when accounts were opened, the lawful use of the bank accounts, and asked them to be committed to the responsible use of these accounts, raising public awareness in the first place.

Case 2

NetsUnion Clearing Corporation Strengthened Security Management in Payment Systems to Safeguard Secure Development

In 2021, the NetsUnion Clearing Corporation resolutely implemented the decisions by the Central Committee of the CPC and the State Council as well as the work requirements of the PBC, adhered to the principles of "payment for people" and "payment for the country", supported the effective implementation of regulatory policies, actively prevented and defused financial risks, built a comprehensive shield for secure development, and ensured the secure and stable operation of the industry.

The company ensured the effective implementation of the regulatory policies. Firstly, NetsUnion fully implemented PBC's work arrangement which requires payment institutions to cut off the improper connections linking payment tools and other financial products. It supported its members in formulating plans of rectification and migration, and provided the industry with a complete, smooth and compliant route of business development, by doing so effectively maintaining the financial order. To make the information black box transparent, it improved industry business criteria and technical standards, developed the specifications for transaction message transmission, refined standards for information submission, conducted quality assessment on a monthly basis, set clear rules on the integrity, consistency and traceability of transaction messages, promoted the flows of funds and information easily matching and traceable, thus providing strong support to regulatory supervision. Secondly, it continued to push forward the interoperability of QR code payments, drove key banks and payment institutions to enable the interoperability of QR code, supported market entities to play their part and accept QR code from each other, thus creating a level playing field for QR code payment.

The company effectively facilitated business continuity and strictly implemented accountability for safe and secure operations. First, it successfully supported transactions during the peaks. It led the industry to develop and implement the business support plan, designed contingency plans and rehearsed based on these plans in order to support the entire network to operate steadily during the peak seasons such as the November 11 shopping spree and the Lunar New Year. Second, it reinforced the protection system to ensure security. The company set up the Network Security and Information Committee, with the head of the company as the director, and four functional lines of management (M), operation (O), service (S) and technology (T) working together to form a "MOST" collaboration mechanism. This committee reinforced security defenses in key areas such as firewalls and extranets. The NetsUnion team ranked first in terms of switchover speed in the PBC's unannounced server room isolation drill, an indicator of improved security capabilities. Third, the company strictly implemented accountability in safe operation. It built a multi–dimensional coordination mechanism with regulators and clearing institutions, launched core product and services for operations and maintenance with features of monitoring, troubleshooting, system changes, and alert, which improved the level of joint prevention and control for emergencies in the industry.

The company fully protected financial security and helped prevent and resolve financial risks. First, it advanced its anti–gambling and anti–fraud actions. Through effective measures such as the gambling and fraud risk monitoring model, joint risk prevention and control systems, and collaborative industry working groups, by the end of 2021, a total of more than 200,000 suspicious merchants and accounts had been identified, and over 90,000 leads involving suspicious merchants and accounts had been investigated. Furthermore, NetsUnion asked its members to shut down 19,000 risky merchants and accounts, so as to accurately warn against and disrupt the transfers of illegal funds and effectively safeguard the property of the people. Secondly, it tightened financial risk prevention network. It organized members to implement the regulatory requirements for the rectification of payment collection service and effectively regulate market behavior. It built a risk prevention and control system for payment transactions, and improved real–time transaction control tools and quasi–real–time monitoring and early warning models.

Part IV
Concerted Efforts in Improving the Payment Service Level

- Adequately Reduced Payment Fees for the MSBs
- Improved the Quality and Efficiency of Bank Account Services
- Continuously Optimized Non-Cash Payment Services
- Further Pursued Payment Inclusion

In 2021, the PBC adhered to the principle of "payment for people", resolutely implemented the decisions and arrangements by the Central Committee of the CPC and the State Council on ensuring stability on six fronts and security in six areas vigorously promoted the supply-side structural reform in the field of payment, continuously improved the efficiency of payment services, and worked toward the goals of serving the development of the real economy and improving business environment. The PBC lowered the payment service fees for micro and small businesses (MSBs) as well as individual businesses to further guide the payment industry to surrender profits for the benefit of the real economy innovated its initiatives for bank accounts to improve the quality and efficiency of bank account services, further promoted the Mobile Payment Convenience Project and the sustained development of non-cash payment, and insisted on making payment services inclusive and accessible constantly in improving the payment environment in rural areas to bridge the "digital divide".

1. Adequately Reduced Payment Fees for the MSBs

Since the outbreak of COVID-19, the PBC, working toward the goals of ensuring stability on six fronts and security in six areas, has implemented the decisions and arrangements by the State Council on cutting the payment service fees paid by the MSBs and individual businesses. This is to guide the payment industry to surrender profits to the real economy, reduce the operational cost for market entities and optimize the development environment to further boost the real economy. In June 2021, the PBC, together with China Banking and Insurance Regulatory Commission (CBIRC), the National Development and Reform Commission (NDRC) and the State Administration for Market Regulation (SAMR), issued the *Notice on Reducing Payment Fees for MSBs and Individual Businesses*, directing the industry associations to announce the fee reduction initiatives with 12 fee reduction policies in five aspects, including the roll-out of bank account services, RMB settlement, digital banking, bankcard usage and payment account services. To extend the scope of potential beneficiaries under the fee reduction policy, the PBC and the aforementioned authorities urged payment service providers to continuously strengthen pricing information disclosure, comprehensively improve awareness and accessibility of the policies, establish a dispute resolution mechanism for erroneous charges, put in place supporting refund measures, implement exemptions and reductions for whomever eligible to ensure that the fee reduction policy was fully implemented and would benefit all the eligible individuals and businesses. By the end of 2021, all types of payment service entities had surrendered a total of approximately CNY 8.82 billion in support of the real economy, benefiting nearly 75 million market entities.

2. Improved the Quality and Efficiency of Bank Account Services

2.1 Promoted the Pilot Program for the Integrated Domestic and Foreign Currency Bank Account System

In July 2021, the PBC organized 235 bank branches in Guangzhou, Hangzhou, Fuzhou and Shenzhen to launch the pilot program for integrated domestic and foreign currency bank accounts to facilitate trade and investment as well as renminbi internationalization and to lay the foundation, in terms of bank accounts, for a macro-prudential management framework. At present, the pilot is running smoothly and has been well received. By the end of 2021, 38,000 integrated domestic and foreign currency bank accounts for enterprises had been opened, while the pilot had processed fund payments/collections totaling CNY 1.60633 trillion in RMB and USD 14.179 billion in foreign currencies.

Column 6

The Pilot Program of the Integrated Domestic and Foreign Currency Bank Settlement Account System Facilitated Cross-Border Trade and Investment

To further facilitate cross-border trade and investment, the PBC has launched a pilot for the integrated domestic and foreign currency bank settlement account in four cities, namely Guangzhou, Hangzhou, Fuzhou and Shenzhen, since July 2021. This pilot aimed to explore the establishment of a bank settlement account system that can settle transactions in multiple currencies and can adapt to the needs of renminbi internationalization and FX management, so as to further enhance the convenience of settlement in cross-border trade and investment for market entities.

1. Background and Overview

The bank account is an important basis for enterprises to carry out business activities and obtain various financial services. For a long time, renminbi bank accounts and foreign currency bank accounts have been managed separately in China. A bank account would only support settlements in one currency, and the management requirements for opening, changing, and closing accounts had varied greatly for different currencies. Businesses had needed to open multiple accounts for the settlements in different currencies, which not only increased costs for financial management, but also affected the efficiency for the management and operation of funds. In September 2021, the State Council issued *Several Measures for Promoting the Reform and Innovation of Trade and Investment Facilitation in Free Trade Pilot Zones* in which it proposed to carry out a trial for the integrated domestic and foreign currency bank account in the pilot free trade zone to unify the standards, rules and processes in opening, changing and closing accounts in renminbi and foreign currencies.

In order to effectively enhance the level of financial services to support the real economy and facilitate cross-border trade and investment, the PBC, taking active and sturdy measures with risk management in mind, considered and formulated the *Working Plan for the Pilot Integrated Domestic and Foreign Currency Bank Settlement Account System* and the *Measures for the Pilot Integrated Domestic and Foreign Currency Bank Settlement Account System*. Starting July 2021, the PBC rolled out the pilot program in Guangzhou, Hangzhou, Fuzhou and Shenzhen with a total of 235 local branches of five banks selected to participate. These five banks were Industrial and Commercial Bank of China, Agricultural Bank of China, Bank of China, China Construction Bank, and China Merchants Bank. Since the launch, the pilot has been running smoothly and well received by the public. By the end of December 2021, 38,000 integrated domestic and foreign currency bank accounts for enterprises had been opened, while CNY 1.60633 trillion in renminbi payments/collections as well as USD 14.179 billion of such transactions in foreign currencies had been processed.

2. Main Measures

Firstly, the integrated domestic and foreign currency bank settlement account system was established. The categorizations of domestic and foreign currency bank accounts were unified based on the current renminbi bank settlement account system and the requirements of foreign exchange management. In terms of enterprise accounts, the PBC temporarily considered the foreign exchange accounts as dedicated deposit accounts. The consumer foreign exchange accounts were classified as Category I accounts.

Secondly, the pilot program harmonized basic business rules for the domestic and foreign currency bank settlement accounts. Based on the basic business rules of the renminbi settlement accounts, the PBC harmonized the essential requirements for account opening review for accounts in domestic and foreign currencies, and highlighted the role of the account management agreement. It also unified the modification and cancellation rules for the domestic and foreign currency accounts.

Thirdly, the program enhanced the business convenience for settlement accounts in domestic and foreign currencies. According to their own operation and financial management needs, businesses could choose to use multi–currency settlement accounts to manage funds in domestic and foreign currencies, or to use single–currency accounts to manage funds in the domestic and foreign currencies separately. Specifically, the multi–currency settlement accounts relieved businesses from multiple trips to the bank and heavy paperwork, and displayed the funds in domestic and foreign currencies in one account.

Fourthly, the full life–cycle management was strengthened over domestic and foreign currency bank settlement accounts. The banks were guided to establish and improve the whole life–cycle management mechanism of domestic and foreign currency bank settlement accounts pre–, during– and post–event. They needed to strengthen account opening review and due diligence before accounts were opened, carry out dynamic review and strengthen risk monitoring as accounts were active, and ensure strict accountability and conduct assessment after the transactions.

3. Achievements

Firstly, the pilot program improved the efficiency of opening domestic and foreign currency accounts, which eased the burden on businesses. It unified the basic business rules of domestic and foreign currency bank settlement accounts, enabled businesses to pay, collect and settle funds in multiple currencies through one account and manage such funds in a centralized manner. The fact that they no longer needed to open so many accounts, and the improved efficiency of account opening resulted in substantial increase in the satisfaction for financial services felt by companies with international business engagements.

Secondly, the settlement of domestic and foreign currency funds was better facilitated, helping businesses to carry out cross–border trade and investment activities. As businesses were able to use one account to manage funds in both domestic and foreign currencies, the settlement of funds for cross–border trade and investment were effectively easier, which helped market entities to "go global" and "attract inward investment".

Thirdly, the increasing variety of financial products and services enabled banks to upgrade their offerings. With the integrated domestic and foreign currency bank settlement account system in place, banks could further explore, innovate, optimize and improve financial services in all uses cases in terms of deposits, loans, remittances, exchanges and fund pooling to provide more financial products that directly supported the real economy and the development of companies with international business engagements.

Going forward, the PBC will steadily expand the scope of the pilot program based on the experience acquired. Meanwhile, it will work with the State Administration of Foreign Exchange

(SAFE) to explore the integrated management of domestic and foreign currency funds, and continue to enhance the level of convenience for foreign trade and investment settlement.

2.2 Continuously Innovated the Account Service Model

Technology was adopted to facilitate enterprise account opening. The PBC encouraged commercial banks to continuously promote online reservations for account opening via channels such as online banking, mobile banking and WeChat service accounts. It supported banks to connect their appointment systems for account opening with platforms set up by local businesses to open up channels for companies to book appointments online. It guided banks to enable customers to fill out the application and submit preliminary documents for account opening online, and the banks could in turn pre-screen these applications online, which minimized document print-outs. The PBC further promoted the adoption of electronic business licenses and electronic stamps in account opening. A total of 486,700 businesses used these tools to open bank accounts throughout the year.

Information disclosure was strengthened to increase service transparency. The PBC guided commercial banks to publicize documents, fees, time frame and the negative list of account opening as well as the "three-tier service oversight hotlines", namely of the outlet, its supervising branch and the corresponding PBC sub-branch/branch, to enhance service transparency, define the service baselines and accept public oversight. Up to the end of 2021, 177,000 bank branches publicized their negative lists.

The PBC promoted the pilot of the "Card Query with One-Click" feature on the UnionPay App. It guided China UnionPay and banks to provide inter-bank account information inquiry services without compromising security or legality, so that consumers could quickly check their bank accounts opened across the country. The pilot of the service was launched in Shanghai and Yunnan Province. The first batch of 14 participating banks included the Industrial and Commercial Bank of China, Agricultural Bank of China, Bank of China and China Construction Bank. A total of 550,000 card queries had been made by the end of 2021.

2.3 Continuously Promoted Cross-Department Information Sharing

The PBC stepped up efforts in the promotion and adoption of the Online Verification System for Corporate Information. To further strengthen information sharing and facilitate account services, the PBC ramped up the roll-out and adoption of the Online Verification System for Corporate Information, which provided a reliable and authoritative channel for banks to verify the authenticity and validity of corporate information and effectively improved the efficiency of review at account opening. By the end of 2021, 213 commercial banks had been connected to the system, generating a total of 110 million verification requests for business registration information.

The PBC further promoted the online verification for non-resident ID information. To make bank services more accessible for Chinese citizens settled abroad, foreigners as well as residents from Hong Kong, Macao and Taiwan regions, and to further implement the real-name requirements for bank accounts, the PBC launched the Online Verification System for Non-Resident ID Information to facilitate the use of immigration documents for non-residents to access government and public services, effectively enhancing the sense of gain and satisfaction of non-residents in the Chinese mainland.

2.4 Enhanced Satisfaction for Account Services among Specific Groups

In order to implement the decisions and arrangements of the Central Committee of the CPC and the State Council, the PBC adhered to the principle of "payment for people" and guided commercial banks to optimize bank account services for micro and small businesses (MSBs) and the moving employment groups according to the principle of "uncompromising commitments on two fronts and strengthened efforts in two aspects" with substantial results. (Specifically, uncompromising commitments refer to the commitments of easy access to enterprise account opening as well as effective risk prevention and control, whereas efforts should be strengthened in the optimization of enterprise account services as well as account management, similarly hereinafter). At present, the number of new accounts has been increasing considerably, while the account opening process has been substantially optimized and takes much less time to complete. The number of complaints related to account opening has been significantly reduced and the efforts helped improve the business environment. In 2021, the new personal bank accounts in China totaled 1.27 billion, up 23.2% YOY. A total of 13.95 million new corporate bank accounts were opened, up 20.5% YOY. Additionally, 76.4% new enterprises opened bank accounts, an increase of 3.2 percentage points YOY. The processing time reduced to one to three days, down 60% on average YOY.

The account opening procedure was simplified for the moving employment groups. In 2021, to implement the decisions by the Central Committee of the CPC and the State Council on ensuring stability on six fronts and security in six areas, the PBC issued the *Guiding Opinions on Providing Personal Bank Account Services for Moving Employment Groups*. The PBC stipulated that measures such as agency inter-bank payroll services, facilitation of the cross-jurisdiction use of bank accounts, differentiated customer due diligence practice, simplified personal bank account opening procedures, customer identity verification through valid data, among others, should be taken to protect the rights and interests of the moving employment groups and other special groups to open accounts, help optimize the employment environment, effectively improve the accessibility to personal bank accounts for the moving employment groups to receive payment, and further improve people's satisfaction of account services.

The account opening services were optimized for MSBs. In 2021, to coordinate the optimization of bank account services as well as risk prevention and control for MSBs, and to further improve the Business Environment, the PBC issued the *Guiding Opinions on Optimizing Bank Account Services and Risk Prevention and Control for MSBs* and launched the new simplified account opening services for MSBs. It encouraged banks to formally launch the simplified account opening procedures based on the experience acquired in the pilot as well as the *Business Guidelines for Simplified Account Opening Services for MSB Accounts* by the end of 2021. By the end of 2021, the services had been made available at 126,000 bank branches nationwide.

Column 7

Attempts in Simplified Account Opening Process Made Banking Account Service More Accessible for MSBs

The bank account is fundamental for enterprises to access various financial services. In 2021, the PBC further implemented the reform requirements to "delegate power, improve regulation, and upgrade services" and the decisions to improve the Business Environment. It guided commercial banks to explore a new model of simplified account opening services for micro and small businesses (MSBs) with the idea of categorized and tiered account management, so as to make bank accounts and payment services accessible to every eligible entity and meet the crucial and large demand of MSBs for financial services by better account opening process.

1. Targeting MSBs' Inaccessibility to Bank Accounts with a Problem–Oriented Approach

The commercial banks are the entities responsible for managing bank accounts they host. Therefore, it is reasonable and necessary for them to identify their customers when accounts are opened per the "Know Your Customer" (KYC) requirements. However, for a long time the banks had not been taking differentiated due diligence measures based on the characteristics of their clients. With the rapid economic and social development in recent years, a large number of start–up MSBs in emerging internet sector entered into the market with no business premises, office stationary and equipment, or on–site employees. Yet the commercial banks had taken a one–size–fits–all approach and raised unreasonable or even excessive review requirements as these MSBs tried to open accounts, leading to an outcry of inaccessibility among MSBs.

2. Exploring a New Service Model of Simplified Account Opening Services through a Pilot Program

To tackle this challenge, the PBC guided commercial banks to implement simplified account opening services adhering to the principle of "uncompromising commitments on two fronts and strengthened efforts in two aspects", targeting the inaccessibility of bank accounts for the MSBs.

Simplified account opening was an offering designed for MSBs whereby the commercial banks, in line with the idea of categorized and tiered account management, lowered the threshold to open a bank account and relaxed the requirements of supporting documents. The MSBs would be able to open accounts with basic functions at the beginning. When the business started to run normally and when the banks completed their due diligence investigations, these basic accounts could be upgraded to general ones. At the same time, commercial banks strengthened back–office data verification and risk prevention and control and established a full life–cycle account management mechanism comprising pre–event commitment, during–event monitoring and post–event management.

In early 2021, the PBC carried out a pilot of simplified account opening services for MSBs in six cities, namely Beijing, Shanghai, Guangzhou, Shenzhen, Chongqing and Hangzhou, followed by an orderly roll–out across the country. To consolidate the outcome of the pilot, the PBC in October 2021 explicitly requested commercial banks to provide simplified account opening services for MSBs in the *Guiding Opinions on Optimizing Bank Account Services and Risk Prevention and Control for MSBs*, escalating the innovative business model to the policy level. Meanwhile, the PBC issued the *Business Guidelines for Simplified Account Opening Services for MSB Accounts*to further optimize bank account services and establish a sound system for categorized and tiered account management.

3. Substantially Improving Quality and Efficiency of Bank Account Services and Addressing the Dilemma between Efficiency and Security

The real–world experiences in simplified account opening demonstrated how security and efficiency could be balanced. The dilemma had been prominent where simplified account opening could be abused by criminals for fraud and gambling, while rejection to such requests would limit the access of MSBs to financial services. The updated processes enabled the commercial banks to address the issues on both fronts.

First, policies were designed and implemented based on the characteristics of MSBs to give space to commercial banks in account opening. Under the simplified account opening model and with the categorized and tiered management system, commercial banks were allowed to reasonably restrict higher–risk functions, such as non–over–the–counter transfers, to reduce the risk of abuse of bank accounts for gambling and fraud.

Second, the efficiency of enterprise account opening was greatly enhanced, and the quality and efficiency of the services provided by commercial banks to MSBs and the real economy continued to improve. Commercial banks significantly cut short the process of account opening for MSBs through the simplified procedures, thus significantly reducing the time to open an account. The MSBs could complete the account opening procedures on the spot if they had provided complete documentation and were found with nothing abnormal or suspicious. As a result, account opening experience was significantly improved for these businesses.

Third, the primary responsibility of commercial banks was enforced and the banks were equipped with improved awareness and capabilities for independent risk management. The simplified account opening services embodied the risk–based management philosophy of the commercial banks, which enabled them to manage the risk in a categorized and tiered manner, profile customers with big data, achieve accurate risk prevention and control through account restrictions, enhance awareness of independent risk management continuously, and adopt various risk prevention tools in order to achieve both convenience and security.

3. Continuously Optimized Non–Cash Payment Services

3.1 Effectively Developed the Payment Service Environment for the Winter Olympics

The PBC proactively practiced the concept of "payment for people", and guided banks, payment institutions and clearing institutions to solidly prepare payment services to support the Winter Olympic Games. Various services were made available at the Olympic venues and designated hotels, such as foreign currency card acceptance, currency exchange, and ATM cash withdrawal, and mechanisms concerning service provision, risk monitoring and emergency response during the Games were improved to enhance the quality and efficiency of financial services. As of February 23, 2022, a total of 371,400 financial transactions in a cumulative amount of CNY 131 million occurred in the closed–loop area. Among them, 3,619 transactions were ATM withdrawals with non–Chinese mainland cards, totaling CNY 3.7371 million; 189,700 transactions were POS purchases by foreign cards, totaling CNY 62.8457 million; and 1,193 transactions were for foreign currency exchange, totaling CNY 1.8595 million.

Column 8

The PBC Solidly Supported the Winter Olympics through Sound Preparation and Targeted Services

Hosting the Olympic Winter Games Beijing 2022 was a major strategic decision made by the Central Committee of the CPC and the State Council, and was a major milestone when China was standing at an important historical juncture on its way to achieve the Two Centenary Goals. The PBC, as one of the members of the Winter Games preparation group, took the primary responsibility to provide financial and payment services. It was a great duty as well as an honor. In order to implement the relevant tasks to fully support the success of Winter Olympic Games, the PBC championed the leading group on payment service environment construction for Beijing 2022 Winter Olympic Games. It meticulously formulated work plans and guiding opinions, convened multiple themed meetings to orderly promote the work, and conducted in-depth field research and provided guidance in Beijing and Zhangjiakou. It vigorously organized and coordinated banks, payment institutions, clearing institutions and other market players to build and improve the payment service environment for the Winter Games in order to meet the demand for Games-related payments in a comprehensive, targeted and efficient manner and provide solid support in terms of payment for the success of the event.

Firstly, the PBC optimized its work plan swiftly in a demand-driven fashion. Under the influence of COVID-19, the organizing strategy for the Games was constantly updated, and the demand for payment services was adjusted accordingly. With meeting the Winter Olympic Organizing Committee's COVID prevention requirements as well as satisfying the demand for payment services as the minimum objectives, the PBC quickly adjusted and optimized its work plan, and, with the highest standard in mind, always checked off every item on the to-do list when implementing financial and payment service preparations. It ensured that various services such as international card acceptance, foreign currency exchange, ATM cash withdrawal and e-CNY acceptance were available in time at the event venues and designated hotels.

Secondly, the PBC spared no effort to ensure the quality and efficiency of its services through careful preparation. It matched the payment services demand suggested by the Organizing Committee, instructed the Bank of China to build five new temporary locations for the Games, issued guidelines for Olympics-related and foreign guest-related account services, opened up a fast track for account services exclusively related to the Winter Games, and fully facilitated foreign currency exchange services, thereby satisfying the needs for financial services of inbound visitors who came for the Games. Meanwhile, several mechanisms concerning service provision, risk monitoring and emergency response were established and improved to be fully prepared for providing considerate financial and payment services during the Games.

Thirdly, the PBC continued to optimize the payment environment progressively. It seized the opportunity of the event preparation to promote the full coverage of acceptance for bankcard in domestic and foreign currencies as well as mobile payment at the designated hospitals for the event, railway stations, inter–city bus stations, tourist zones graded 5As, among other venues, in Beijing and Zhangjiakou; it also made sure ATM cash withdrawal with international cards was fully supported at key locations, and thus comprehensively enhanced the breadth and depth of payment services in Olympics–related cities.

3.2 Advanced the Mobile Payment Convenience Project

The PBC fully practiced the concept of "payment for people" and continuously promoted the structural reform on the supply side in the field of payment. It gave full play to the motivation of banks, payment institutions and clearing institutions to form a joint force to further promote the widespread use and interconnection of mobile payment in daily life use scenarios nationwide, enhance the accessibility of Chinese mobile payment services for users from the rest of the world, and better benefit people's livelihood and the development of the real economy.

Mobile payment products adopting the unified standards of the banking industry continued to grow. By the end of 2021, the total number of registered users of the UnionPay App had exceeded 450 million, with nearly 80 million monthly active users at its peak. The UnionPay App and other banking–sector mobile payment tools had been enabled for buses in over 1,700 cities, counties and districts, 686 Grade III Level A hospitals, more than 2,700 tourist zones graded 5As and 4As, and one–stop e–government service portals in 24 provinces and cities. A fully upgraded UnionPay Mobile QuickPass was launched. In 2021, the NFC & QRC(QR Code) All in One solution recorded 459 million NFC and QR code transactions, an increase of 7% YOY. Among them, the only QR code transactions grew significantly, with a total of 30.59 million transactions in the year, up 101% YOY.

The PBC promoted the development of leading counties for the Mobile Payment Convenience Project. In 2021, the PBC instructed China UnionPay to continuously build and operate mobile payment in such counties and drive the continued optimization of the payment environment in these counties. By the end of 2021, the 96 leading counties had attracted 1.3745 million monthly active payment users, an increase of 20.38% year–on–year. The number of mobile transactions recorded 163.0718 million, a year–on–year increase of 58.08%. In particular, these leading counties contributed 16.08% to mobile payment made in all counties and rural areas. Meanwhile, key commercial streets were developed and operated in these leading counties. By the end of 2021, the

96 counties had all achieved full coverage of acceptance and featured publicity in at least one key commercial street. In the meantime, they had all hit the target of a 30% growth in transactions.

The payment experience for inbound visitors on short stay in Chinese mainland was ensured. The PBC actively promoted the pilot of mobile payment facilitation for overseas individuals. It asked the participating banks to issue the E Money Card for short–term inbound tourists, which could be enrolled on apps including the UnionPay App. The service continuously improved the experience and satisfaction of mobile payment for inbound tourists. The PBC kept driving the five mobile payment projects in the Guangdong–Hong Kong–Macao Greater Bay Area (GBA). It facilitated the interoperability of the use scenarios in the GBA, enriched acceptance use scenarios in the Guangdong–Macao in–depth cooperation zone, and gave high priority to day–to–day use scenarios. By the end of 2021, the five Hong Kong and Macao digital wallets had registered 9.2577 million successful transactions in CNY 1.523 billion.

Column 9

Advancement in Mobile Payment for People through Joint Forces of the Industry

In recent years, the PBC, in line with the idea of "payment for people", has helped advance China's mobile payment to improve people's livelihood. In 2021, 1.0624 trillion mobile payment in CNY 845.2 trillion were processed, increasing by 23.4% and 22.8% over the previous year. For many people, the penetration of diverse mobile payment options such as QR payment, UnionPay QuickPass and mobile payment has turned their mobile phone into a key to almost every service. The advancement of mobile payment has highlighted the fundamental and extensive role of payment service for the development of the real economy and the improvement of people's livelihood.

Firstly, mobile payment has been substantially convenient. In recent years, with the support and guidance of the PBC, banks, payment institutions and clearing institutions have devoted efforts into various day–to–day mobile payment use scenarios. The ecosystem of "mobile payment+" in China has been increasingly well–developed, effectively helping the payment industry to better support the real economy and people's livelihood. At present, mobile payment services cover almost all major daily life use scenarios for urban and rural residents, especially in day–to–day services closely related to people's livelihood, such as transportation, F&B, retail, education, healthcare and utility. Such services continuously meet people's demand for secure, convenient and efficient payment options. In 2021, the PBC further focused on the service gaps and payment needs of the elderly citizens and vigorously urged payment service providers to improve the senior–friendliness of mobile payment services. Banks and large payment institutions launched their "senior page" or "senior–friendly version", among other solutions, in their mobile apps to effectively improve the payment accessibility for the elderly in transportation, shopping, healthcare and other daily life scenarios, so that mobile payment could be convenient for every age group and the digital could be effectively bridged in the payment sector.

Secondly, the extensive impact of mobile payment has been increasingly prominent. Mobile payment reduces transaction costs, improves efficiency, drives the thriving new forms of economy such as e–commerce, delivery, food takeaway, and shared transport, thus providing a new path for industrial transformation and powering new growth. Facilitated by the Mobile Payment Convenience Project, payment use scenarios have been optimized in the commercial zones and neighborhoods in cities, bringing about new opportunities and injecting vitality to the improved quality and efficiency as well as the size of consumer spending. As mobile payment further penetrates counties and rural areas, more payment data has been collected, bringing new potential for the development of the digital economy and new momentum for economic transformation and upgrading. A survey by the Bank for International Settlements (BIS) shows that the Fintech credit based on QR payment data has created a new model of inclusive finance for small and micro businesses, whereby probability of access to the credit line increases to 80% for these physical entities. The survey also documents positive effects of the use of Fintech credit. During the COVID–19 epidemic, the recovery in transactions was 20% higher for users of Fintech credit than for non–users.

Thirdly, mobile payment has grown more open to the world. With the implementation and promotion of China's Belt and Road Initiative, the major Chinese mobile payment service providers have stepped up their efforts to "go global". So far, China's mobile payment services have almost covered all ASEAN countries. The payment service providers, primarily China UnionPay, Alipay, Tenpay and several Chinese banks, have gradually extended from satisfying the payment demand of outbound business/leisure travelers from China to servicing the local users in ASEAN countries, continuously enriching the supply of mobile payment services in the region.

3.3 Promoted the Adoption of Bankcards

The number of bank cards rose slightly. As of the end of 2021, the number of bank cards opened in China totaled 9.247 billion, up 3.26% YOY. Specifically, 8.447 billion were debit cards, up 3.3% YOY, while the number of credit cards and combo–cards with credit/debit functions recorded 800 million, up 2.85% YOY. The number of bankcards per capita reached 6.55. In terms of credit cards and combo–cards with credit/debit functions, the per capita ownership recorded 0.57.

The bankcard acceptance environment was gradually optimized. By the end of 2021, 27.9827 million merchants, 38.9361 million POS terminals and 947,800 ATM terminals had been connected to UnionPay's inter-bank payment system, with a decrease of 964,800, an increase of 605,800 and a decrease of 66,000 YOY respectively. The number of POS terminals per 10,000 persons increased by 0.68% YOY to reach 275.63, while the number of ATMs per 10,000 persons decreased by 7.34% YOY to 6.71.

The volume of bankcard transactions climbed up steadily. In 2021, a total of 429.022 billion bankcard transactions with a cumulative amount of CNY 1,002.10 trillion were processed across the country, increasing 24.20% and 12.85% YOY respectively. These transactions included 5.047 billion cash deposits in the amount of CNY 38.41 trillion, decreasing by 7.14% and 7.01% YOY respectively; 7.556 billion cash withdrawals worth CNY 37.46 trillion, down 9.10% and 5.57% YOY respectively; 184.6 billion transfers in CNY 790.26 trillion, up 19.81% and 14.47% YOY respectively. The number of purchases counted 231.818 billion in an amount of CNY 135.97 trillion, up 30.52% and 16.56% YOY respectively. The bankcard penetration rate reached 49.20%, an increase of 0.02 percentage points compared with the same period of the previous year. Spending per card reached CNY 14,700, a year-on-year increase of 12.87%. Spending per transaction recorded CNY 586.55, down by 10.70% YOY.

The bankcard credit grew steadily. By the end of 2021, the total bankcard credit line had reached CNY 21.02 trillion, a growth of 10.86% year-on-year, while the outstanding balance of bankcard credit was CNY 8.62 trillion, a year-on-year growth of 8.90%. The credit line per bankcard was CNY 26,300, with the credit utilization rate registering 40.99%. The total outstanding amount of credit in arrears for over half a year reached CNY 86.039 billion, accounting for 1.00% of the total outstanding balance for credit cards.

3.4 Promoted the Electronic Development of Commercial Papers

In 2021, the business volume of the Electronic Commercial Draft System and the adoption of the electronic commercial draft continued to expand steadily.

In 2021, transactions of commercial papers totaled 137 million, or CNY 112.65 trillion, decreasing by 8.46% and 9.00% YOY respectively. These included 110 million transactions or CNY 89.89 trillion of checks, down 12.90% and 12.97% YOY respectively; 26.6486 million actual settlements or CNY 22.26 trillion of commercial drafts, up 16.61% and 11.70% YOY respectively; 137,100 transactions or CNY 139.352 billion of bank drafts, down 24.96% and 7.81% YOY respectively; and 242,300 transactions or CNY 335.483 billion of bank promissory notes, down 33.89% and 14.93% YOY respectively.

Transactions processed by the Electronic Commercial Draft System climbed up steadily. The year 2021 saw the following transactions via the Electronic Commercial Draft System: 26.8817 million issues of CNY 23.52 trillion, increasing by 20.56% and 10.12% YOY respectively; 27.3825 million acceptances of CNY 23.99 trillion, increasing by 20.58% and 9.73% YOY respectively; 9.6692 million discounts of CNY 14.99 trillion, increasing by 33.47% and 12.03% YOY respectively; 14.5628 million inter–bank discounts of CNY 46.93 trillion, increasing by 40.93% and 6.41% YOY respectively. The system processed 2.7518 million pledged repos in CNY 21.70 trillion, increasing by 29.43% and 11.06% YOY respectively.

CP Pay was further upgraded. In 2021, the Shanghai Commercial Paper Exchange (SHCPE) took multiple measures to promote the upgrade in its business and functions and further expanded the involvement of financial institutions and industrial platforms. By the end of 2021, a total of eleven financial institutions, 164 electronic commercial draft service providers, 44 B2B platforms and 3,025 platform enterprises had launched the CP Pay business, with a total of CNY 61.090 billion was processed through this system, increasing by nearly three times compared with the beginning of the year, indicating a leapfrog growth in business volume. Meanwhile, CP Pay had made its way to the further end on the supply chain through a diverse business ecosystem known as "commercial paper payment+". It helped its core enterprise platforms to increase the number and amount of transactions they initiated by 218.49% and 537.66% YOY respectively throughout the year. Of all the transactions accepted through CP Pay by the platform enterprises, the electronic commercial draft from small financial institutions valued over CNY 36.3 billion, a YOY increase of 474.83%, accounting for 80.45% of the total payment value. This proportion was much higher than the market average of 37.17%, a sign that CP Pay had fully played its strengths in finance inclusion.

QR invoicing was launched in the UnionPay App. In 2021, the PBC instructed UnionPay to introduce the QR Invoicing Assistant feature in the UnionPay App to generate invoices through QR code scanning, providing acquirers and merchants with "payment + invoicing" services, thus supporting tens of millions of merchants to access QR invoicing.

4. Further Pursued Payment Inclusion

4.1 Enhanced Rural Payment Service Environment

In 2021, the PBC fully implemented the *Opinions of the CPC Central Committee and the State Council on Comprehensively Promoting Rural Revitalization and Accelerating Agricultural and Rural Modernization*, practiced in depth the concept of "payment for people", further consolidated and regulated the development of agent banking for cash withdrawals in the rural areas,and promoted innovative payment products and agricultural–related services in an effort to continuously improve the competence of rural payment services, enable payment services to support the modernization of agriculture and rural areas, and comprehensively facilitate rural revitalization.

It enhanced agent banking for cash withdrawals in the rural areas. The basic payment services, primarily cash withdrawals for rural residents, covered almost all village–level administrative districts. The "last–mile challenge" was successfully addressed. At the same time, the PBC encouraged the agencies to, relying on the agent banking network and depending on the local condition, provide add–on services such as rural e–commerce, financial knowledge publicity, anti–counterfeiting in cash handling and agent railway ticket purchasing, in order to drive the improvement of the overall capabilities of the agent–based service locations and further meet the needs of farmers. By the end of 2021, the number of the agent–based service locations had reached 810,000. In 2021, these service locations processed 400 million payment transactions or CNY 348.6 billion, including cash withdrawals, cash remittances, bank transfers and utility payments. The rural areas were equipped with 129,400 banking outlets, meaning every 10,000 people had access to 1.33 outlets. There were 350,000 ATMs, meaning every 10,000 people were served by 3.60 ATMs. The number of POS terminals reached 6.61 million, translating to 67.85 POS terminals per 10,000 people.

The PBC also promoted innovative payment products for rural areas. With the innovative service model that benefited farmers, featuring the Rural Revitalization Theme Card, the PBC continuously guided China UnionPay and commercial banks in 2021 to promote customized products including the Rural Revitalization Theme Card. With payment as the focus, special offerings were provided such as agricultural loans, subsidy disbursements, productions and sales of agricultural products and day–to–day services. Product benefits were constantly optimized in line with farmers' needs in their life and work.

It extended special services in agriculture–related sectors. In 2021, the PBC instructed China UnionPay to step up efforts in promoting the purchase of agricultural products and to continuously improve the efficiency of payment and settlement in the circulation of the products. Demonstration projects were developed, including the purchasing of vegetables in Shouguang County, Shandong Province, rubber in Baisha Li Autonomous County, Hainan Province, goji berries in Tongxin County, the Ningxia Hui Autonomous Region, and garlics in Qixian County, Henan Province. In 2021, a total of 1,506 purchasing merchants were recruited and 218,800 farmers served, with transactions totaling CNY 5.128 billion.

Column 10

Better Payment Environment in Rural Areas by Enhancing Payment Inclusion and Availability

The PBC consolidated special payment services and promoted innovative payment products. Firstly, it continued to improve agent banking for cash withdrawals to support rural residents. At present, the basic payment services, primarily agent banking for cash withdrawals, covered almost all village-level administrative districts. The "last-mile challenge" was successfully addressed. Building on this, the PBC encouraged the payment participants to, relying on the agent banking network and depending on the local condition, provide add-on services such as rural e-commerce, financial literacy campaigns, anti-counterfeiting in cash handling and agent railway ticket purchasing, in order to improve the overall capabilities of the agent-based service locations. Secondly, the PBC innovated the service model of agent banking to benefit farmers through the Rural Revitalization Theme Card. The PBC continuously guided China UnionPay and commercial banks to promote customized products including the Rural Revitalization Theme Card in 2021. With payment as a focus, special offerings were provided such as agricultural loans, subsidy disbursement, production and sales of agricultural produce and day-to-day services, and product benefits were constantly optimized in line with farmers' demand in their life and farming. By the end of 2021, a total of over 45 million Rural Revitalization Theme Cards had been issued.

The PBC optimized the services available of payment infrastructures. Firstly, it opened online service channels for rural financial institutions to bank with central bank deposit accounts. Online processing of cash deposit/withdrawal, fund transfer, payment of required reserves and other business became available, which effectively solved the problems of inconvenient transportation and high cost of business processing for rural financial institutions. Secondly, it enabled rural financial institutions to direct funds into central bank deposit accounts. It also materialized centralized management and use of the required renminbi reserves through linking accounts of the branches with those of the legal persons of these financial institutions in order to enhance the efficiency of fund use and save liquidity. Thirdly, through the interconnection of financial infrastructures, the PBC enabled the Delivery versus Payment (DvP) settlement of the standing lending facility (SLF) and central bank discounts for small and medium-sized rural financial institutions, thereby fully automating the processing of transactions, pledging, financing among other steps of the workflow, and accelerating the disbursement of policy funds.

The PBC advanced the mobile payment convenience service. Firstly, it guided banks, financial institutions and China UnionPay to further explore potential use scenarios of convenient mobile payment services and extended such services to rural counties. Particularly, it actively built leading counties for mobile payment and continuously optimized the acceptance environment of mobile payment to cover day–to–day use scenarios including public transportation, F&B and convenience stores. Secondly, the PBC organized the adoption of mobile payment in areas such as rural industries and agricultural products purchasing. Key projects were successfully implemented, including the purchase of vegetables in Shouguang County, Shandong Province, rubber in Baisha Li Autonomous County, Hainan Province, and goji berries in Tongxin County, the Ningxia Hui Autonomous Region. This endeavor effectively extended mobile payment services into agricultural production and ecosystem in rural areas.

4.2 Stepped up Efforts in Payment Facilitation for Elderly People

To enable the senior citizens to enjoy the benefits of innovative development of the payment service market, the PBC fully implemented the *Opinions on Improving the Accessibility of Payment Services for Elderly People*. It instructed its branches to examine service gaps and payment needs of the elderly people and urge the commercial banks and payment institutions within branch jurisdictions to enhance the convenience for the elderly in transportation, shopping, healthcare and other payment scenarios related to daily life so as to bridge the "digital divide". Specifically, this was to be achieved in four aspects, namely making payment and settlement–related businesses accessible for the elderly, upgrading mobile payment services to be more senior–friendly, rectifying merchant refusal to accept bank cards, and intensifying the publicity efforts to raise awareness about mobile payment.

Case 3

Upholding the Idea of "Payment for People" and Effectively Implementing Lower Fees to Surrender Profits for the Benefit of Individuals and Businesses

The Payment & Clearing Association of China (PCAC) actively called on its members to lower payment service fees for the micro and small businesses (MSBs) and individual businesses. Firstly, it constantly strengthened publicity and guidance to create a friendly public opinion. It joined partners in publishing a fee reduction initiative and supporting press releases, and coordinated with mainstream media to publicize the initiative. Secondly, it organized the formulation of a code of conduct, which consolidated the institutional foundation of the self-regulatory system to cut fees. The code of conduct included the fee-cut items and standard listed in the initiative to lay the institutional foundation for the implementation of the fee reduction policy. Thirdly, it played its role as a platform to facilitate the fee reduction within the payment industry. It organized its members to share their challenges and solutions during the implementation, and promoted the exchange and adoption of good practices. Fourthly, it tracked and monitored the implementation by its members by various ways. Through questionnaires, website searches, telephone interviews, field visits and other forms, the PCAC tracked and monitored the implementation of fee reduction by its members, and set up a dedicated log in order to guide the members to rectify and meet the standards in case of shortfalls.

The Nanjing Branch of the PBC built a comprehensive service platform to drive effective fee cut and profit shift. Firstly, it took the advantage of new media for rapid promotion, targeting the needs of the users. The platform "*Xiaoweicha*", meaning "query service for micro and small businesses (MSBs)" in Chinese, took the form of a WeChat mini program and could be accessed through a QR code scan or WeChat search. Without app downloading or account registration, the easy-to-use mini program effectively facilitated the awareness campaign for fee reduction. Secondly, the Branch innovated the features of *Xiaoweicha* and turned it into an all-around service platform for fee reduction. *Xiaoweicha* was equipped with a number of practical and innovative features for an integrated, intelligent and easy-to-use mini program, which had the functions of company type lookup, policy search, estimated fee-reduction calculator and policy promotion. Thirdly, automated data collection effectively helped evaluation of the fee reduction policy. The mini program could automatically collect usage data and conduct statistical analyses such as the user type, regional distribution, frequency and depth of access, functions used, amount reduced, and number of policy reads. Fourthly, the Branch provided targeted services for businesses to help bring the benefits of the fee cut to the people and companies. It guided the banks and payment institutions within its jurisdiction to incorporate *Xiaoweicha* into the training of front-line staff members such as those at the counter for corporate banking and branch tellers, including placing QR codes at the counter and actively introducing customers with needs to the mini program. Fifthly, the Branch launched extensive publicity campaigns. It printed more than half a million copies of *Xiaoweicha* leaflets and distributed them in enterprise zones and markets with a high concentration of MSBs and individual businesses. Meanwhile, it conducted publicity campaigns, targeting precisely MSBs, through channels such as corporate banking apps and continuing education modules with financial authorities to expand the user base.

Case 4

The PBC Developed the Payment Service Environment for the Winter Olympics for the Nation's Benefit

The preparation of the Winter Olympic and Paralympic Games was of national importance, which was under the personal instruction by General Secretary Xi Jinping. The PBC, as one of the members of the Winter Games preparation group, implemented the important decisions by the Central Committee of the CPC and the State Council and took the primary responsibility of providing financial and payment services. It took the lead in setting up the leading group on payment service environment construction for the Winter Olympic Games, made many trips to the venues at Beijing and Zhangjiakou for field research, guided the Operations Office of the PBC and the Shijiazhuang Central Sub–branch to formulate practical service plans in order to offer payment services for the events with high quality and efficiency and achieve "zero complaints" and "zero major risks".

The Operations Office took a multi–pronged approach in developing an efficient, secure and convenient payment environment for the Games. Firstly, it took the right political stance and promoted the event preparation with an emphasis on the national significance. Starting October 2021, it held five high–level conferences at the command center, alongside 20+ themed and weekly scheduling meetings, and it required each participating organization to take the provision of financial services for the Games as an assignment of high importance to promote China's national image. Secondly, the Operations Office improved the organizational mechanism and led the establishment of the command structure, operation system and support mechanism. On January 4, 2022, it established the event operation command and sub–centers at each bank. It set up a 24/7 Games exclusive service hotline and activated an emergency contact mechanism. Several dedicated work programs were formulated, such as cash services in domestic and foreign currencies, while intensive training sessions were given on business and COVID prevention. Thirdly, it strengthened cross–departmental coordination, and quickly completed the newly–added tasks to support the management of the closed–loop. It installed 2,669 POS terminals and 75 ATMs. Additionally, it set up 66 small integrated financial service entities so that individuals could access card payments in both RMB and foreign currencies, ATM cash withdrawals, bi–directional foreign currency exchange and e–CNY services at almost all contracted hotels without leaving the premise. On January 4, the emergency response mechanism went live. The Operations Office held virtual conferences with banks to coordinate in real time during the Games. Fourthly, it completed real–life drills in batches with all elements and use scenarios, and performed acceptance review in thorough details for the Olympic financial services. Fifthly, it steadily promoted the e–CNY pilot program for the event use scenarios. E–CNY use scenarios were all implemented at the Organizing Committee campus and inside the security red line. For the areas outside the red line, full e–CNY coverage was materialized for seven major use scenarios. E–CNY acceptance was enabled at all contracted hotels and designated hospitals. Sixthly,it implemented the fast track for foreign currency exchange during the Games, as assigned by the State Administration of Foreign Exchange (SAFE), to enhance the convenience level of foreign exchange use. It guided banks to streamline the process and simplify documentation requirements for Olympics–related requests, so as to provide convenience for the opening of foreign currency accounts as well as fund remittance and exchange for Olympics–related organizations . Seventhly, it built a three–tiered media monitoring system to facilitate efficient and orderly emergency treatment, and prepared response templates in advance.

The Shijiazhuang Central Sub–branch provided services in the Zhangjiakou competition zone of the Winter Games to achieve leapfrog improvement in the payment service environment. Firstly, the financial service capabilities for the Winter Games were comprehensively improved in full speed through multiple measures. Account services were optimized; the acceptance of bank cards in foreign currencies was improved; the pilot of innovative mobile payment was launched. Furthermore, 80 ATMs and over 3,900 POS terminals that took foreign–currency cards were installed, and more than 3,400 aggregated payment merchants were onboarded in the Chongli District. More than 7 million personal and corporate e–CNY wallets were opened, and 50,000 use scenarios were enabled. Second, the Central Sub–branch took the right political stance and stepped up efforts to ensure that the payment service environment development could progress in an orderly manner. It established the Zhangjiakou Command of Payment Environment Development and Event Support for the Beijing Winter Olympic Games and organized various banks to set up command centers. On a case–by–case basis, the Central Sub–branch developed optimization plans for the contracted hotels managed in the closed–loop. It strengthened emergency management to achieve no negative media coverage. It produced digital maps and hard–copy payment service user guide. It strengthened media monitoring, focusing on the customer requests for financial services featured in media coverage. Meanwhile, it appropriately and timely handled various emergencies in the financial sector.

Case 5

The PBC Branches Took Multiple Measures to Effectively Implement the Pilot Program of the Integrated Domestic and Foreign Currency Bank Settlement Account System

To facilitate cross-border trade and investment and lay the foundation for a macro-prudential management framework, the PBC organized a pilot for the integrated domestic and foreign currency bank settlement account system in four cities, namely Guangzhou, Shenzhen, Fuzhou and Hangzhou, in 2021.

The Guangzhou Branch adopted a Currency + Account Number model to harmonize the basic business rules for the domestic and foreign currency bank accounts. Firstly, the Branch organized and promoted the pilot program in a steady manner. It established a Leadership Team, with the Branch chief at the helm and departmental heads as its members, to strengthen the organization of the pilot and make decisions. It also coordinated the participating banks to conduct surveys covering 190 prioritized clients to understand the business requirements of the banks and users. Secondly, it took a market-oriented approach and improved the quality and efficiency of domestic and foreign currency bank settlement account services in all aspects. It developed operational guidelines for the pilot business, unified the basic business processing rules throughout the life-cycle of domestic and foreign currency accounts concerning account opening, change, reconciliation, annual inspection, dormant accounts and cancellation, and promoted the standardization and facilitation of account services. Thirdly, the Branch kept risk control in mind and strengthened the supervision of bank settlement accounts in domestic and foreign currencies. It developed a supervision and management program for the pilot business, and set up a joint supervision team with the Guangdong Branch of the State Administration of Foreign Exchange (SAFE) to carry out off-site monitoring and analysis by combining off-site monitoring/analysis and on-site supervision.

The Hangzhou Central Sub-branch steadily promoted the pilot to facilitate foreign trade and investment. Firstly, it strengthened the organization and leadership, and established an overall implementation mechanism. A Leadership Team for the pilot, headed by Sub-branch chief, was established to coordinate and roll out the program. Based on the business reality in Zhejiang, the Central Sub-branch introduced one guide and four plans to support the pilot on a policy level. Secondly, it made careful and thorough arrangements and prepared for the pilot efficiently. It completed the upgrade of the RMB Bank Settlement Account Management System to support the data transmission of multi-currency bank accounts. It organized two rounds of acceptance review to check the quality of pilot preparation. Thirdly, it strengthened the promotion and application of the pilot to expand coverage. It organized pilot banks to thoroughly sort out customers with needs to settle foreign currency funds, and analyzed such demand in fine details. Based on the findings, the Central Sub–branch actively drove the innovation of financial products and services. Fourthly, it closely monitored the progress of the pilot through continued tracking and review. The leaders of the Central Sub–branch personally led an on–site research team to gain an in–depth understanding of the business progress, challenges and suggestions at the participating banks regarding the pilot. Fifthly, it strengthened communication and publicity to create a welcoming atmosphere for the pilot. It acquired better overall knowledge of corporate demand for bank settlement account services through various methods such as seminars, questionnaires, and door–to–door visits. It organized participating banks to publicly announce the pilot to bring the benefit of the pilot to a larger client base.

The Fuzhou Central Sub–branch led three provinces and four cities to carry out the pilot of the integrated domestic and foreign currency bank settlement account system. Firstly, it took a sound working mechanism as the key to an effective implementation of the pilot. It set up a Leadership Team headed by the chief of the Central Sub–branch with senior executives in charge on the front line, and dedicated task forces were also built. Based on the actual development of Fujian Province, it consolidated the policy foundation and developed six major plans and guidelines concerning the implementation, business operation, supervision and management, publicity, media response and contingency for the pilot of the integrated domestic and foreign currency bank account system. Secondly, it conducted refined preparation to support the steady progress of the pilot. It upgraded the self–built Fujian Bank–Government Information System and optimized the functions of information submission and risk monitoring for domestic and foreign currency accounts. It supervised pilot banks to efficiently complete the development of features for non–over–the–counter use scenarios to improve customer experience. It also carefully carried out acceptance review and compiled 146 acceptance criteria. Thirdly, adhering to the fundamental principle of "payment for people", it balanced account risk and service. Relying on the Fujian Bank–Government Information System, the Central Sub–branch reinforced the monitoring and supervision of bank accounts in domestic and foreign currencies during– and post–event, and guided participating banks to strengthen the full life–cycle management of bank accounts. Fourthly, it devoted efforts to enhance the explanation of policies, addressing "the last mile challenge" for policy implementation. A launch ceremony of the pilot of the integrated domestic and foreign currency bank account system was held on the day of commencement, and more than 20 media reports were published. Through creative animations and mobile–friendly long diagrams, the pilot policy was explained to the public in an easy–to–understand way.

The Shenzhen Central Sub–branch fully implemented the pilot of the integrated domestic and foreign currency bank accounts with four measures. Firstly, it strengthened regulatory cooperation and improved the pilot organization. An interdepartmental Leadership Team was established for the pilot, headed by Sub–branch chief, to oversee, organize, coordinate and manage the progress. Secondly, through comprehensive consideration, it selected the qualified banks for participation on the basis of merit. According to the principles of "balanced regional distribution, matching business scale, solid account management, complete foreign exchange qualification, and sound risk control and compliance", three pilot banks with a total of 57 outlets were selected to participate in the pilot. Thirdly, the Central Sub–branch held the banks as primary entities responsible and solidly performed acceptance review. It carried out supervision and acceptance review on–site alongside unannounced visits by Central Sub–branch leaders to commercial banks, prepared guidelines for example pilot outlets, and performed multi–dimensional and boots–on–the–ground coaching. Fourthly, it improved the supervision mechanism during– and post–event, and made sure the business was carried out legally and compliantly. It supervised the pilot banks to improve the full life–cycle management of accounts with the pilot business fully covered, and established a corresponding risk monitoring mechanism. Fifthly, it developed an all–around publicity scheme to effectively guide public opinion through media coverage. It took the lead in coordinating the publicity of the whole jurisdiction and promoted a consistent message. It also boosted the media coverage of the policy through 34 media outlets, including *People's Daily* and Xinhua Finance.

Case 6

The PBC Branches Optimized Account Services to Enhance Satisfaction of the Public

The Nanjing Branch took multiple measures to continuously improve the performance of account services. Firstly, the Branch improved service quality and efficiency to enhance people's sense of gain. It continued to promote the online appointment–making service for account opening to support application, preliminary document submission, bank pre–screening, which opened up online channels for micro and small businesses (MSBs). It guided commercial banks to ask the outlet near the location of the applicant business to perform on–site verification and obtain the signature in–person in order to save multiple visits for the customer. It continuously enhanced the functions of the Jiangsu Government–Bank–Enterprise Connect System. It instructed commercial banks to integrate application forms and agreements of account opening and various basic settlement services to reduce the repeated filling of information. It guided commercial banks to accommodate the need of the elderly by adding accessibility facilities, opening up fast tracks for the elderly, retaining hard–copy passbooks and deposit slips, providing virtual or door–to–door customer service, developing the senior–friendly version for banking apps, and continuously improving the ease–of–use of payment services for senior citizens and other special groups. Secondly, the Branch strengthened management quality and efficiency to increase people's satisfaction. It surveyed on the optimization of account services to understand the needs and challenges for implementing the new policies, such as the categorized and tiered management of bank accounts, simplified account opening and the one–stop e–government service portal, from both the supply and demand sides. It continuously tracked and monitored service quality and efficiency through three rounds of satisfaction survey in the public service halls, neighborhoods and commercial banks across Jiangsu Province. It regularly implemented inspections in unannounced visits to supervise the account services, and developed new modes for such visits like intra–city rotating and city swapping. Thirdly, the Branch reinforced risk prevention and control to increase security felt by the public. It guided the Payment and Clearing Association of Jiangsu to issue the *Guidelines of Jiangsu Province to Further Optimize Bank Account Services and Strengthen Risk Prevention and Control*, and drove banks within its jurisdiction to establish a categorized and tiered account management system. The Central Sub–branch established the province's management grid and responsibility checklist for account services to further clarify the optimization requirements, urge banks to improve the accountability by confirming the responsible persons who represented the leadership, project or the outlet and instructed banks to effectively guide and supervise the account services at individual outlets.

The Guangzhou Branch implemented the negative list of account opening services to improve the quality and efficiency of the offerings for micro and small businesses (MSBs). Firstly, joint efforts were made to improve the management of bank account opening services so as to optimize these offerings for MSBs in a comprehensive manner. Drawing on the experience of the Hong Kong Monetary Authority (HKMA) in addressing the difficulties of account opening for MSBs and based on the reality in the province, the Guangzhou Branch identified the procedures and operations irrelevant to the identification of the MSBs, or incommensurate with or unreasonable for assessing the potential risks of such accounts and issued the *Special Service Specifications of Bank Settlement Account Opening for MSBs in Guangdong Province (Negative List)* so as to establish the basic standards for quality and services in MSB account opening and build a coordinated co–management mechanism with administrative supervision, bank self–discipline and public oversight. Second, it formulated supporting measures to promote the effective implementation of the Negative List. Focusing on the accountability of a PBC branch for its jurisdiction and primary responsibilities of account management of banks, it developed supporting measures in five aspects, namely, the cleanup and standardization of the systems and procedures, full life–cycle monitoring of account opening services, centralized review of complaints filed by MSBs, dynamic and systematic monitoring of the progress and effect, and regular supervision of implementation, in order to ensure that the 22 “red line” measures in the Negative List could be directed to the bank outlets and fully implemented. Thirdly, it promoted and explained policies through multiple channels to create a favorable public opinion environment. It organized banks to provide informative sharing sessions through multiple channels to explain the policy of the Negative List and deliver these measures to the doorstep of the businesses in a timely manner. Meanwhile, a press conference was held to brief the media on the background, significance and content of the new account management policy, which was highly recognized by the Chinese government website (gov.cn), *People's Daily* and other serious media outlets.

Case 7

The PBC Branches Continued to Implement and Promote Convenient Mobile Payment to Benefit People's Daily Lives

The Chongqing Operations Office of the PBC improved the quality and efficiency of the Mobile Payment Convenience Project. First, the Chongqing Office highlighted one single philosophy and two key tasks, and further developed a working mechanism that focused on coordinated planning and implementation, and sharing of results. Function integration and joint development was pursued for the UnionPay App and bank apps. The Operations Office also adopted an approach where each bank enjoyed one targeted policy, over which dynamic supervision was implemented. The Office built a to–do list focused on the specific and useful services it could support the banks with and, for each item on the list, it worked out detailed measures. It facilitated the coordination between the government, banks and businesses, and properly ensured the accomplishment of such tasks as keeping app users, maintaining app use scenarios, and building infrastructures. Second, the Chongqing Office brought the advantages of the mobile payment infrastructure into full play by implementing three major projects. One project focused on promoting mobile payment tools to drive rural vitalization, and to bridge the “digital divide” step by step. Another project highlighted the mobile payment interoperability between Chengdu and Chongqing, two major cities in close proximity with economies intertwined with one another, to achieve synergy. The third was a livelihood project allowing the citizens to enjoy public transportation for as low as CNY 0.01 per ride. Third, the Chongqing Office stepped up efforts in four key categories of use scenarios to make mobile payment easier. Chongqing became one of the first pilot cities where the UnionPay App launched its new feature enabling the request of personal credit reports. The Chongqing Office organized the disbursement of “red envelope” incentives for the workers from outside of Chongqing who stayed on their jobs in the city. A total of about CNY 400,000 was disbursed via the UnionPay App to nearly 1,000 workers. It guided the Chongqing Branch of China

UnionPay to strengthen cooperation with the Chongqing Municipal Administration of Culture and Tourism etc. to enable the acceptance of the UnionPay App in 92 tourist attractions graded 4A and all attractions graded 5A. It conducted promotional campaigns highlighting UnionPay and commercial bank offerings, during the period of which nearly 1,000 promo activities were ran by 257 merchants with 58,000 various gift coupons delivered to consumers. It enabled the development of smart campuses. Seeking to make a breakthrough in mobile payment adoption, it started with the campus shuttle bus to offer discounted rides for payments made via the UnionPay App, and continuously ran the promotion on other forms of public transportation.

The Hangzhou Central Sub–branch strengthened and boosted the mobile payment offered by the banking sector by uniting the industry participants to create synergy and drive interoperability. First, it enhanced institutional structure and united forces in the banking industry to further drive mobile payment development. It convened meetings with the banking sector focusing on developing Zhejiang Province into a showcase of mobile payment. It established a supervision and briefing mechanism that distributed monthly updates regarding the mobile payment development by bank and geography. It improved the performance appraisal mechanism. Secondly, it actively explored a coordinated approach with joint efforts from participating parties to drive the interoperability in the electronic payment field for shared benefits. It established a self–discipline mechanism and asked participating banks to enable access to the use scenarios for the products of other participants. It encouraged the industry players to be open and to adopt interoperability, while spearheading innovative industry solutions. Third, it expanded the coverage of mobile payment offered by the banking industry to support all use scenarios with priorities given to the enablement of key scenarios. It put great efforts into improving people's livelihood and it guided the Zhejiang Branch of China UnionPay to actively participate in the pilot run of the provincial digital platform for public services and fully optimize the e–government service feature in the UnionPay App. It encouraged the adoption of mobile payment in consumer spending and directed rural residents to make payment by using mobile apps at cash withdrawals pionts so as to further improve the popularity and penetration of mobile payment offered through banking apps in county–level jurisdictions. As of the end of 2021, 12,400 service outlets in the province, or 76.13% of the total, supported cash deposits or withdrawals via mobile apps. Throughout the year, 1.6886 million such transactions were completed via bank apps, up by 54.01% YOY.

Case 8

The Lhasa Central Sub–branch of the PBC Thoroughly Improved the Payment Environment in Rural Areas

The Lhasa Central Sub–branch earnestly supported cash withdrawals at service outlets for rural residents. It upgraded the POS terminals to support the Tibetan script. It revised the specifications for the comprehensive financial service outlet, and formulated a three–year plan aiming to achieve 100% availability of such outlets in counties and towns where no physical bank branch was present, so as to improve the inclusiveness and convenience of payment services in the rural areas. It rolled out 526,700 bank cards dedicated to the receipt of financial subsidies so that the residents were able to enjoy a hassle–free subsidy disbursement where funds traveled smoothly through the treasury, agency banks, farmers/herders and agent–based service points. It focused on resources integration for the cash–withdrawal service locations and, in 2021, removed or consolidated 141 locations that were not effectively in use. As of the end of 2021, 5,610 cash–withdrawal service locations were established in Tibet, and 132 comprehensive financial service outlets were put in place, filling the gap in 64 counties where physical bank branches were not present. In 2021, a total of 898,600 withdrawals were made, totaling CNY 1.362 billion, up by 2.32% and 17.47% YOY respectively.

The Central Sub–branch adopted an approach featuring "payment + industry" to drive the outbound sales of Tibetan products. It facilitated the localization of mobile payment tools offered by financial institutions involved in agricultural business so that the tools were more compatible with Tibet. For instance, mobile banking app features that support the Tibetan script were developed and user manual in the Tibetan language was written. It further promoted the idea of "banking at your fingertips" in the rural areas, achieving 100% coverage in administrative villages where Internet was available. Highlighting one feature produce for each region, it built a value chain consisting of e–commerce retailers, leading businesses/professional farmers and herders cooperatives, supply and marketing cooperatives, and farm households. It actively encouraged mobile banking apps to add e–commerce features so as to offer more ways to promote the agricultural products from Tibet. In 2021, 120 merchants from 74 counties in the Tibet Autonomous Region signed up for the digital marketplace on the mobile banking apps and uploaded more than 270 types of agricultural products for sale.

The Central Sub–branch continued to develop the Mobile Payment Convenience Project to cover new use scenarios and areas. It continued to integrate mobile payment into use scenarios such as transportation, public services, utility, and healthcare. By the end of 2021, 51 new use scenarios within its jurisdiction had been enabled for mobile payment while all existing use scenarios had been re-engineered to support mobile payment. 3.6048 million people in the jurisdiction paid via mobile means in 152 million transactions totaling CNY 481.502 billion, up by 19.15%, 33.33% and 9.47% YOY respectively. It drove the roll-out of the Mobile Payment Convenience Project further into the rural areas. It built brand new payment model highlighting "innovative financial services and improved experience" by starting with concepts such as "Travel+", "Transit+" and "Healthcare+" in consistent efforts to contribute to rural revitalization. It took the lead in modifying health insurance-compatible payment terminals in 196 village clinics in Lhasa to integrate and streamline the acceptance of health insurance and financial payments, so that personal health insurance accounts were supported across all payment channels. It actively facilitated mobile payment adoption to boost the development of digital villages. For instance, a commercial street in the *Yumai* Town was built into a showcase for electronic payments. Tourist attractions in the famous Nyingchi Prefecture along the Yarlung Tsangpo River were developed into showcases for seamless payment services.

The Central Sub-branch also worked to support the border regions by way of payment adoption. It guided commercial banks to equip themselves with dedicated vehicles and smart portable terminals which could be put on the go to satisfy the basic financial needs of the troops and residents in the border regions. The services would be delivered to those in the remote areas via the business model known as "banking services from a mobile bank staff with a backpack". Having surveyed the payment needs of the border troopers, it built a register accordingly and worked to ensure the smooth delivery of emergency funds. By the end of 2021, 58 comprehensive financial service outlets and 647 cash-withdrawal service locations had been built in 627 border villages in the jurisdiction. 227 priority service lines were set up for the front line troopers. 45 ATMs dedicated to the service of military personnel were put into use. 13,516 military themed debit cards were issued and over 300 events were organized where financial services were delivered to the barracks.

Case 9

Commercial Banks Adopted Multi-Pronged Measures to Improve the Quality of Opening Bank Settlement Accounts

China Construction Bank (CCB) balanced the simplified account services with risk control. First, it built mechanisms focusing on five aspects to improve the quality and efficiency of bank account services. It formulated a plan to optimize bank account services while keeping risks at bay. The plan, centering around five major aspects of working mechanism, account classification, branch services, risk prevention, and long–term approach, put forward 21 specific measures to improve account services and manage risks. It promoted simplified account opening procedure for micro and small businesses across the CCB system so that such businesses would have the account opened on the day of the visit or on the spot. By the end of 2021, 1,949 businesses had opened bank accounts via the CCB simplified account opening procedure with 7,029 basic bank accounts opened, out of which 1,280 were upgraded to full–service accounts after further KYC. Second, CCB further rolled out the new account service model combining online and offline use scenarios. CCB's corporate bank account program, known as *Zhang Yi Xing*, has been enabled in CCB's mobile and online banking platforms as well as on its official website, whereas its mobile application dedicated to the service of micro and small businesses, known as *Hui Dong Ni*, has become an important platform for MSBs. Third, it thoroughly implemented tiered and classified management of accounts. On top of the basic classification of personal bank accounts, further tiers were assigned to each account based on the identity, profession, age, and transactions of the customer and the accounts were managed accordingly. It researched and developed the checklist for customer follow–up to better follow up accounts opened and effectively prevent risks. Fourth, it upgraded products and services. It improved service capabilities to better support personal bank accounts and facilitated one–stop online services. For instance, it supported the interoperability of social security business across different provinces so that members of the public were able to apply for and activate the social security card, report loss and obtain a replacement card or make inquiries online in the same portal. Also, it put forward an innovative plan regarding the capital pool to realize a dedicated use and classified management of funds, without adding new accounts, which could be applied to funds transfer from Hong Kong and Macao under the same customer name. By the end of 2021, CCB had issued over 1.08 billion debit cards. These cards generated 50.7 billion transactions in purchases in 2021, totaling CNY 25.91 trillion, up by 17.9% and 10.4% YOY respectively.

Bank of Communications (BoComm) continued to improve the services for entity settlement accounts. Aiming to simplify the steps customers need to take, the Bank integrated technological means such as electronic business licenses, optical character recognition (OCR), robotic process automation (RPA), among others, and launched a new and convenient account opening procedure that would automatically generate forms based on the info provided by the customer. At the same time, this procedure w0as also tasked with balancing service efficiency with risk control. On one hand, electronic forms were generated automatically so that customers would not need to manually fill in the information. On the other hand, APIs such as online verification of corporate information and anti–money laundering were called in the application process to verify the information provided by customers in real time. These procedures have considerably saved time for businesses. By the end of 2021, 341,700 entity settlement accounts had been opened with the Bank of Communications, a 21% increase compared to the end of 2020. While BoComm optimized its internal processes to facilitate account opening, it also actively worked with outside partners by connecting its own system with the online public service portals of various municipalities and the customs, so as to save customers a separate trip to the bank to make a reservation for account opening once they have filed their business with the authorities. This helped to make the business environment better.

Part V
Open–Up of the Payment System on All Fronts

- Advanced the Open-Up of the Payment Sector
- Deepened International Communication in the Payment and Settlement Field

The PBC, adhering to the principle of simultaneously "attracting inward investment" and "going global", kept promoting the open–up of the bankcard market, steadily facilitated the development of Cross–border Financial Information Services Co., Ltd. *and encouraged the participation of domestic payment participants in the international markets. By doing so, it drove the roll–out of payment services as well as the output of payment technologies. The PBC engaged in extensive international communication and actively participated in the formulation of international regulatory rules and standards. It also worked to strengthen international regulatory cooperation. These have helped increase the voice and influence of China in the international payment and settlement field.*

1. Advanced the Open–Up of the Payment Sector

1.1 Continuously Implemented the Strategy of "Attracting Inward Investment"

The PBC strengthened the development of financial gateways. The central bank facilitated the establishment of the Cross–border Financial Information Services Co., Ltd., a joint venture between SWIFT and its Chinese partners, and issued regulatory guidance on financial gateways, further improving the cross–border financial network and messaging services. The JV was founded in January 2021 and its responsibilities include building and running local network hubs and local data warehouses for financial messaging services. On one hand, through the services offered by the JV, SWIFT users in China can access stable, resilient and safe connections to the main SWIFT network to ensure uninterrupted processing of cross–border financial messages. On the other hand, the cross–border financial network and messaging services will gain more transparency to better identify and manage operational and financial risks relevant to the core services.

1.2 Steadily Accelerated the Strategy of "Going Global"

The PBC worked to promote the outbound implementation of payment service standards and technologies. China UnionPay continued to improve the acceptance coverage in key regions such as Europe and Central Asia. It worked to accelerate the enablement of contactless and QR code acceptance for key merchants in Europe, Central Asia, South Pacific and North America. As of the end of 2021, UnionPay extended its acceptance network to 179 countries and regions. Over 35 million merchants were enabled outside the Chinese mainland. UnionPay cards were issued in eight new markets, namely, Switzerland, Puerto Rico, Equatorial Guinea, Fiji, Iraq, Serbia, Cyprus, and Maldives. In "The Belt and Road" markets, UnionPay continued to drive the dual–branded card issuing projects with local switch networks and sign agreements with central banks and local switches on local switching partnerships. By the end of 2021, UnionPay business had been enabled in 123 countries and regions along "The Belt and Road", covering nearly 16 million merchants. Over 130 million cards have been issued in 52 markets along "The Belt and Road".

The PBC continued to optimize the cross–border payment infrastructure. It continued to strengthen its efforts in promoting the Cross–Border Interbank Payment System (CIPS) so that it can fully play its role as the main channel in settling payments. In 2021, CIPS operated efficiently and steadily, with the number of participants increasing, business coverage expanding, and business volume ever growing. As of the end of 2021, CIPS had 75 direct participants and 1,184 indirect participants, with business presence in 178 countries and regions in the world. In 2021, CIPS processed 3.3416 million transactions in CNY 79.60 trillion, with year–on–year growth of 51.55% and 75.83% respectively. The daily average business volume was 13,367 transactions in CNY 318.4 billion.

The PBC worked to make the cross–border mobile payment more convenient. By paying close attention to the operations of relevant projects to pre–empt any risks, it supervises the five cross–border mobile payment projects already launched to satisfy Hong Kong and Macao residents' needs of using mobile payment in the mainland. By the end of 2021, the five wallets had recorded 9 million successful cross–border transactions in CNY 1.5 billion. The PBC facilitated the mobile payment pilot project in seven regions to benefit short–term visitors from Japan and South Korea. It guided Tenpay to carry out the consumer gift voucher program in collaboration with the government of Macao SAR to ensure convenience for visitors from the Chinese mainland as they spend in Macao, which boosted the tourism industry of Macao. The PBC supported market players to run business in overseas markets. In 2021, China UnionPay launched more than 40 new wallets and mobile QuickPay projects in overseas markets. The company achieved breakthroughs in multiple markets with e–wallet–based issuing projects. Huawei Pay (an NFC & QR in One Solution) was successfully introduced in Singapore, Thailand, and Macao, while Hong Kong and Macao versions of UnionPay App saw significant growth in business. China UnionPay launched over 90 open APIs in 2021, and via its API marketplace, it provided local partners in overseas markets, for instance in South Asia, with solutions tailored to specific use scenarios.

2. Deepened International Communication in the Payment and Settlement Field

The PBC enhanced its participation in the international communication and cooperation in the payment and settlement field. The PBC participated in the Committee on Payments and Market Infrastructures (CPMI), the SWIFT Oversight Forum, the Working Group on Payments and Market Infrastructures (WGPMI) of the Executives' Meeting of East Asia–Pacific Central Banks (EMEAP), the Cross–border Settlement Infrastructure Forum (CSIF) and other international mechanisms, and actively attended international conferences via online means with constructive contribution.

It actively fulfilled its obligations as a memberof international organizations. As required by the CPMI and the International Organization of Securities Commissions (IOSCO), it conducted an assessment on the business continuity planning and cyber resilience of the high–value clearing and settlement system in line with the Principles for financial market infrastructures (PFMI) and provided timely feedback.

The PBC actively participated in the G20 Roadmap for enhancing cross–border payments and was involved as a member of five working groups regarding cross–border payment framework coordination and implementation, messaging, and the future of payment systems. It closely followed developments and innovation planning of the international payments and made contributions to the improvement of global cross–border payment services.

Part VI
Outlook for China's Payment System in 2022

2022 is an important year to build on the centenary of the party's history and start a new journey towards the second centenary goal. Faced with the challenges of the ongoing COVID–19 epidemic and the complex and profound changes in the international landscape, the PBC will fully implement the work arrangements of the CPC Central Committee and the State Council, adhere to the original aspirations of serving the people, improve top–level design, enhance regulatory effectiveness, optimize service supply, support two–way open–up, maintain safe, stable and efficient operation of the payment system, and provide strong support for accelerating the construction of a new development paradigm.

The PBC will improve laws and regulations. It will facilitate the enaction of the *Regulations on Non–Bank Payment Institutions*, expedite the revisions to the *Administrative Measures for Bank Card Clearing Institutions*, and work with relevant authorities on amending policies regarding account management so as to push ahead the reform of the management of bank accounts and payment accounts.

The PBC will concretely improve the effectiveness and efficiency of supervision. It will continue to enforce supervision against monopoly and unfair competition in the payment field, and improve the long–term mechanism to promote the compliant and healthy development of payment and financial businesses of platform companies. The PBC will continue to crack down on activities such as cross–border gambling, telecom and online fraud and illegal payments, and further fight against the funding chains involved in gambling and fraud. The business supervision and management of clearing institutions will be further enhanced. It will strengthen the regulatory oversight of client provisions of payment institutions through and through and will enhance the full life–cycle management of payment terminals.

The PBC will further optimize the supply of payment services. It will continue to improve bank account services and ensure the proper implementation of measures to reduce payment fees. It will keep improving the interoperability and user–friendliness of mobile payment in public services and use scenarios that benefit people's livelihoods. It will further optimize the payment environment in rural areas, and enhance the payment products so that they become more senior–friendly in a bid to close the "digital divide" in the payment field. It will ensure that good payment services are in place to support major international events such as the Asian Games.

The PBC will ensure the smooth running of infrastructures. It will continue to properly manage business continuity of the payment systems. It will make efforts to ensure the ACS operating stable and safe. It will facilitate the promotion and development of CIPS to give full play to its role as the "main channel" in RMB cross–border payments and settlements. It will enhance supervision over clearing institutions and continuously improve management to ensure business continuity of the payment and clearing systems.

The PBC will deepen the open–up of the payment system. It will advance the opening of the bankcard clearing market by the law, grant administrative permits of market access to clearing institutions in line with due procedure. The pilot run of the integrated domestic and foreign currency bank account as well as the witness account opening services in the Greater Bay Area will be steadily expanded. It will enhance international communications in the payment sector, and deeply engage itself in the relevant work of international organizations concerning the roadmap for enhancing cross–border payments. The central bank will strengthen international regulatory cooperation to play an active role in the development and reform of the global governance of payment.

Part VII
Appendixes

- Major Developments of China's Payment System in 2021
- Core Indicators of China Payment System Development in 2021
- Statistics of Major Business in 2021
- List of Payment Institutions
- List of Regulations and Normative Documents Abolished in 2021

Appendix 1 Major Developments of China's Payment System in 2021

On January 19, the PBC published the *Measures for the Custody of Client Provisions at Non-bank Payment Institutions*, which came into effect on March 1, 2021.

On March 19, the PBC issued the *Notice on Ensuring Proper Financial Gateway Services* to strengthen the management of cross-border financial networks and messaging services.

On March 23, the PBC announced the establishment of the Cross-border Financial Information Services Co., Ltd., a joint venture between SWIFT and four Chinese institutions, which would provide financial gateway services to the users. This would further improve the cross-border financial networks and messaging services and protect the legitimate rights and interests and guarantee business continuity of the domestic SWIFT users.

On April 12, the PBC, China Banking and Insurance Regulatory Commission (CBIRC), China Securities Regulatory Commission (CSRC) and the State Administration of Foreign Exchange (SAFE) jointly held another round of regulatory talks with Ant Group.

On April 14, the PBC held the 2021 Video Conference on Payment and Settlement to comprehensively review the efforts and achievements in payment and settlement since 2020. Current difficulties and challenges were thoroughly analyzed and comprehensive arrangements for the key tasks in 2021 were made.

On April 23, the PBC held a conference to address the cross-border gambling-related funding chains. During the meeting, the progress made since 2020 was reviewed while the latest developments were studied, and arrangements made for the finance sector to further strike against cross-border gambling.

On April 29, the PBC, the CBIRC, the CSRC and SAFE jointly held regulatory talks with a number of platform enterprises engaged in financial businesses.

On May 6, the PBC Technology Department issued the new *Interface Specifications for the ACS Subsystems, which include* the DvP settlement functions of Standing Lending Facility (SLF) suitable for small and medium-sized financial institutions.

On May 13, the PBC issued the *Notice on the Delivery versus Payment Settlement for the Standing*

Lending Facility of Small and Medium-Sized Financial Institutions. It was announced that DvP settlement would be implemented for all such financial institutions from July 12, 2021.

On May 31, the PBC published a circular on the payment business of banking institutions in 2020, directing banking institutions to improve their payment services and conduct payment business in compliance with laws and regulations.

On June 16, China National Clearing Center (CNCC) of the PBC issued the *CNCC Operational and Management Guidelines on Digital Certificates in the Business Systems(Trial Version)* to step up its efforts in managing the digital certification of the PBC payment systems.

On June 21, the PBC had regulatory talks with banks and payment institutions on speculative trading of virtual currencies, asking the entities to intensify efforts in screening and processing to resolutely cut off fund channels for speculative trading of virtual currencies.

On June 24, the PBC, China Banking and Insurance Regulatory Commission (CBIRC), National Development and Reform Commission (NDRC), and the State Administration for Market Regulation (SAMR) jointly issued the *Notice on Reducing Payment Fees for MSBs and Individual Businesses*with an attempt to guide the payment industry to further surrender profits to the real economy, lower the operational costs for market players, and optimize the business environment for the real economy.

On June 29, the PBC and the Ministry of Public Security (MPS) jointly issued the *Notice on Establishing a Quick Inquiry Mechanism on the Platform for Investigating and Controlling Gambling Funds Targeting Accounts Involved in Criminal Cases of Gambling* to further improve the efficiency of investigating and controlling gambling-related fund transactions, and effectively maintain national economic security and social stability.

On July 7, the PBC issued the *Notice on the First Upgrade of the ACS in 2021*, aiming to satisfy new business demands, further optimize the ACS and improve its capability to deal with anomalies.

On July 8, the PBC officials overseeing relevant areas of work attended the State Council policy briefing to provide an overview of how financial institutions reduce fees and surrender profits to businesses and the people, and answered questions from the press.

On July 9, the PBC convened a meeting attended by all members of the 2022 Olympic and Paralympic Winter Games Leading Group on Payment Service Environment Development. The group reviewed the progress on the development of payment services in the competition zones and neighboring areas, and studied the situation facing the preparations for the Winter Olympics, and made arrangements for various key tasks in the final stage leading up to the Games.

On July 12, the PBC, the CBIRC and the MPS jointly issued the *Notice on Implementing the Awareness Campaigns to Combat Telecom and Online Fraud and Cross-Border Gambling* to step up efforts to raise awareness against fraud and gambling so that the public was better equipped to prevent fraud and refuse gambling.

On July 16, the PBC issued the *Notice on the Delivery versus Payment Settlement for Central Bank Discounts* in which it announced that commercial papers accepted as collateral would realize the DvP settlement from November 22, 2021.

On July 20, the PBC released the *Notice of Issuing the Administrative Measures for Reporting Major Events by Non-Bank Payment Institutions*.

On July 22, the PBC released nine financial industry standards including the *Cross-Border Interbank Payment and Settlement Information Exchange Specification*.

On August 20, China UnionPay, together with the Shanghai Environment and Energy Exchange and commercial banks, jointly launched the UnionPay green and low carbon themed card products.

On September 15, the PBC, together with the Cyberspace Administration of China, the Supreme People's Court, the Supreme People's Procuratorate, Ministry of Industry and Information Technology, Ministry of Public Security, State Administration for Market Regulation, China Banking and Insurance Regulatory Commission, China Securities Regulatory Commission, and State Administration of Foreign Exchange released the *Notice on Further Preventing and Resolving the Risks of Virtual Currency Trading and Speculation* to concretely safeguard national security and social stability.

On September 26, the PBC issued the *Guiding Opinions on Providing Personal Bank Account Services for Moving Employment Groups*, helping to improve the job market by establishing long-term mechanism to support personal bank account services in a bid to concretely address the difficulties faced by those who do not have a fixed job to apply for salary cards.

On October 7, Mr. Yi Gang, the PBC Governor, delivered a keynote speech at the Regulating Big Tech Conference hosted by the Bank for International Settlements (BIS), sharing China's experience in regulating big techs.

On October 9, the PBC issued the *Guiding Opinions on Optimizing Bank Account Services and Risk Prevention and Control for MSBs* to improve the Business Environment while at the same time continuing its efforts in addressing the fund chains for telecom and online frauds and cross-border gambling. With this, the PBC coordinated bank account services and risk prevention for micro and small businesses.

On October 12, the PBC issued the *Notice Regarding Strengthening the Administration of Payment Terminals and Related Business* to maintain the market order and protect the legitimate rights and interests of consumers.

On November 10, the PBC issued the *Notice on the Second Upgrade of the ACS in 2021*, aiming to satisfy new business demands, further optimize the ACS and improve its capability to deal with anomalies.

On November 22, the PBC and the Ministry of Public Security (MPS) jointly issued the *Work Plan for Tackling Funding Chains related to Telecom and Online Fraud and Cross–Border Gambling* to further clamp down on such activities and cut off channels of gambling–related fund transfer in an effort to safeguard people's money.

On December 15, the PBC Payment and Settlement Department published the *Circular on the Processing of Public Comments regarding Bank Accounts* to further implement the measures created to support the personal bank account services as needed by the micro and small businesses and moving employment groups so as to consolidate the progress made thus far in this area of work and to further address weak links.

On December 20, the UnionPay App introduced a new feature "Card Query with One Click" allowing users to identify and check the status of all cards issued by different banks and registered under their name with just one click. This new feature was put to pilot in Shanghai and Yunnan.

On December 31, the PBC successfully completed the final accounting of payment systems and ACS for 2021.

Appendix 2 Core Indicators of China Payment System Development in 2021

Item			Unit	Amount	Growth (%)
M_0 and GDP		M_0	CNY trillion	9.08	7.72
		M_0 / GDP	%	7.94	−0.36
Bank Settlement Account	Personal Account	Total number of accounts	100 million	135.81	8.99
		Number of accounts per capita[①]	–	9.61	8.02
	Enterprise Account	Total number of accounts	10,000	8,336.97	11.44
		Basic deposit accounts	10,000	5,933.00	10.00
Non-Cash Payment Instruments		Number of Transactions	100 million transactions	4,395.06	23.90
		Commercial paper	100 million transactions	1.37	−8.46
		Bankcards	100 million transactions	4,290.22	24.20
		Other types of settlement including credit transfer	100 million transactions	103.47	13.13
		Transaction Amount	CNY trillion	4,415.56	10.03
		Commercial paper	CNY trillion	112.65	−9.00
		Bankcards	CNY trillion	1,002.10	12.85
		Other types of settlement including credit transfer	CNY trillion	3,300.81	9.98
		Value/GDP	Multiple	38.61	−2.26
Domestic Bankcards (Issuance and Acceptance)		Number of bankcard issuers	–	1,562	0.51
		Number of bankcards in use	100 million	92.47	3.26
		Number of debit cards in use	100 million	84.47	3.30
		Number of credit cards and combo cards with debit/credit functions	100 million	8.00	2.85
		Number of cards per capita	–	6.55	2.34

① When indicators involve per capita figures, the calculation is based on the 1,412.60 million population in the Chinese mainland as of year-end 2021 per the data published by the National Bureau of Statistics.

continued

Item			Unit	Amount	Growth (%)
Domestic Bankcards (Issuance and Acceptance)		Number of contracted merchants	10,000	2,798.27	-3.33
		Number of contracted terminals[①]	10,000	3,893.61	1.58
		Number of ATM terminals	10,000	94.78	-6.52
		Outstanding balance of bankcards at the end of the period[②]	CNY trillion	8.62	8.90
		Bankcard consumption[③] as a percentage of annual total social retail sales	%	49.20%	0.02
Payment System	RMB Payment Systems	Number of Transactions	100 million transactions	9,336.19	27.53
		HVPS	100 million transactions	4.82	-5.95
		BEPS	100 million transactions	38.81	12.21
		IBPS	100 million transactions	174.91	11.95
		CIPS	10,000 transactions	334.16	51.55
		Transaction Amount	CNY trillion	9,436.23	15.29
		HVPS	CNY trillion	6,171.42	9.27
		BEPS	CNY trillion	162.55	10.67
		IBPS	CNY trillion	273.76	34.53
		CIPS	CNY trillion	79.60	75.83
		Value/GDP	Multiple	82.51	
		Number of direct participants of HVPS	-	561	-1.58
	CFXPS	Number of Transactions	10,000 transactions	416.42	56.28
		Transaction amount (in USD)	USD trillion	2.24	49.15
		Number of direct participants	-	75	10.29

① The number of merchants and POS terminals connected to the UnionPay Interbank Payment System are provided by China UnionPay Co., Ltd. The data refer to the number of merchants and POS terminals that recorded at least one (1) successful transaction in Q4 2021. Starting Q1 2020, UnionPay began to report the number of newly enabled QR-only scanner, barcode reader commonly known as the little white box , static merchant QR code etc. as well as the corresponding number of offline contracted merchants.

② Since 2017, the basis of reporting on outstanding balance of bankcards at the end of the period has been expanded from credit cards only to both credit cards and combo cards with credit/debit functions.

③ Excluding real estate, vehicle sales, and wholesale transactions.

continued

<table>
<tr><th colspan="3">Item</th><th>Unit</th><th>Amount</th><th>Growth (%)</th></tr>
<tr><td rowspan="8">Securities Settlement System</td><td rowspan="4">Interbank Bond Market</td><td>Amount of issuance</td><td>CNY trillion</td><td>60.69</td><td>8.90</td></tr>
<tr><td>Custody amount</td><td>CNY trillion</td><td>109.20</td><td>7.42</td></tr>
<tr><td>Amount of settlement</td><td>CNY trillion</td><td>1,325.39</td><td>6.42</td></tr>
<tr><td>Amount of payment</td><td>CNY trillion</td><td>43.38</td><td>11.69</td></tr>
<tr><td rowspan="4">Exchange Market</td><td>Number of ownership transfer</td><td>100 million transactions</td><td>387.46</td><td>41.53</td></tr>
<tr><td>Value of ownership transfer</td><td>CNY trillion</td><td>1,838.50</td><td>22.70</td></tr>
<tr><td>Gross settlement amount</td><td>CNY trillion</td><td>1,985.66</td><td>23.39</td></tr>
<tr><td>Net settlement amount</td><td>CNY trillion</td><td>56.97</td><td>0.77</td></tr>
</table>

Notes:

1. The growth rate of M0/GDP and bankcard consumption as a percentage of annual total social retail sales is the figure of current year minus that of the previous year.

2. RMB payment systems include the High Value Payment System (HVPS), Bulk Electronic Payment System (BEPS), Internet Banking Payment System (IBPS), intra-bank payment systems of commercial banks, the UnionPay Interbank Payment System, draft processing system and payment and clearing system for city commercial banks, payment and clearing system for rural credit banks, Cross-Border Interbank Payment System (CIPS), and the NetsUnion Clearing Platform.

Appendix 3 Statistics of Major Business in 2021

Table 1-1 Number of RMB Enitity Settlement Accounts (By Region)

Unit: 10,000 accounts

Region	Number
Beijing	283.38
Tianjin	137.45
Hebei Province	336.93
Shanxi Province	157.44
Inner Mongolia Autonomous Region	121.59
Liaoning Province	235.16
Jilin Province	113.28
Heilongjiang Province	138.36
Shanghai	463.32
Jiangsu Province	782.37
Zhejiang Province	828.63
Anhui Province	274.16
Fujian Province	272.76
Jiangxi Province	175.76
Shandong Province	624.92
Henan Province	375.37
Hubei Province	245.14
Hunan Province	225.07
Guangdong Province	721.11
Guangxi Zhuang Autonomous Region	186.65
Hainan Province	74.12
Chongqing	158.86
Sichuan Province	290.24
Guizhou Province	145.30
Yunnan Province	148.59
Tibet Autonomous Region	15.04
Shaanxi Province	207.85
Gansu Province	95.96
Qinghai Province	29.30
Ningxia Hui Autonomous Region	46.71
Xinjiang Uygur Autonomous Region	108.89
Shenzhen	317.25
Total	8,336.97

Table 1-2 Number of RMB Entity Settlement Accounts (By Bank Identifier)

Bank	Ranking
Industrial and Commercial Bank of China	1
China Construction Bank	2
Agricultural Bank of China	3
Urban commercial banks	4
Rural credit cooperatives	5
Bank of China	6
Rural commercial banks	7
China Merchants Bank	8
Bank of Communications	9
China Minsheng Bank	10
Private banks	11
Industrial Bank Co., Ltd.	12
Shanghai Pudong Development Bank	13
Postal Savings Bank of China	14
China CITIC Bank	15
Banks in villages and towns	16
China Everbright Bank	17
Ping An Bank	18
Huaxia Bank	19
China Guangfa Bank	20
Agricultural Development Bank of China	21
Foreign banks	22
China Zheshang Bank	23
Hengfeng Bank	24
China Bohai Bank	25
Rural cooperative banks	26
China Development Bank	27
Urban credit cooperatives	28
The Export-Import Bank of China	29

Table 1-3 Number of Basic Deposit Accounts (By Region)

Unit: 10,000 accounts

Region	Number
Beijing	206.22
Tianjin	96.96
Hebei Province	253.09
Shanxi Province	119.10
Inner Mongolia Autonomous Region	91.10
Liaoning Province	178.64
Jilin Province	90.68
Heilongjiang Province	111.91
Shanghai	304.00
Jiangsu Province	566.92
Zhejiang Province	480.33
Anhui Province	202.14
Fujian Province	196.43
Jiangxi Province	123.59
Shandong Province	445.33
Henan Province	277.73
Hubei Province	178.25
Hunan Province	162.64
Guangdong Province	531.16
Guangxi Zhuang Autonomous Region	136.25
Hainan Province	57.37
Chongqing	117.21
Sichuan Province	218.60
Guizhou Province	97.74
Yunnan Province	108.22
Tibet Autonomous Region	11.82
Shaanxi Province	154.35
Gansu Province	67.32
Qinghai Province	21.40
Ningxia Hui Autonomous Region	33.61
Xinjiang Uygur Autonomous Region	79.19
Shenzhen	213.70
Total	5,933.00

Table 1–4 Number of Basic Deposit Accounts (By Bank Identifier)

Bank	Ranking
Industrial and Commercial Bank of China	1
China Construction Bank	2
Agricultural Bank of China	3
Rural credit cooperatives	4
Urban commercial banks	5
Bank of China	6
Rural commercial banks	7
China Merchants Bank	8
China Minsheng Bank	9
Bank of Communications	10
Industrial Bank Co., Ltd.	11
Shanghai Pudong Development Bank	12
Postal Savings Bank of China	13
China CITIC Bank	14
Banks in villages and towns	15
China Everbright Bank	16
Ping An Bank	17
Huaxia Bank	18
China Guangfa Bank	19
China Zheshang Bank	20
Agricultural Development Bank of China	21
Rural cooperative banks	22
Hengfeng Bank	23
Foreign banks	24
China Bohai Bank	25
Urban credit cooperatives	26
Private banks	27
China Development Bank	28
The Export–Import Bank of China	29

Table 1–5 Number of Basic Deposit Accounts (By Industry)

Unit: 10,000 accounts

Sector	Number
A. Agriculture, forestry, husbandry and fishing	321.53
B. Mining	16.45
C. Manufacturing	504.56
D. Production and supply of electricity, gas and water	26.33
E. Construction	395.70
F. Transportation, storage and postal services	130.65
G. Information communication, computer services and software	270.80
H. Wholesale and retail business	2,155.64
I. Accommodation and catering	148.53
J. Finance	19.57
K. Real estate	93.02
L. Rental and commercial services	502.23
M. Scientific research, technological services and geological exploration	155.64
N. Water conservation, environment and public infrastructure	32.27
O. Residential service and other services	478.26
P. Education	78.61
Q. Health, social security and social welfare	47.36
R. Culture, education and entertainment	126.73
S. Public administration and social organizations	153.78
T. Other industries	275.32
Total	5,933.00

Table 2 Transaction Volume of Commercial Paper (By Region)

Unit: 10,000 transactions; CNY 100 million

Region	Commercial Papers		Commercial Draft		Electronic Commercial Draft Acceptance	
	Number of Transactions	Transaction Amount	Number of Transactions	Transaction Amount	Number of Transactions	Transaction Amount
Beijing	642.28	67,420.40	76.74	11,720.89	85.48	12,562.26
Tianjin	365.67	15,683.07	68.83	4,086.46	79.67	4,750.66
Hebei Province	286.01	28,408.12	54.58	6,118.01	58.50	6,845.13
Shanxi Province	244.36	19,509.72	60.19	4,688.36	52.63	4,778.77
Inner Mongolia Autonomous Region	200.31	13,448.44	18.36	1,673.76	18.57	1,788.08

continued

Region	Commercial Papers		Commercial Draft		Electronic Commercial Draft Acceptance	
	Number of Transactions	Transaction Amount	Number of Transactions	Transaction Amount	Number of Transactions	Transaction Amount
Liaoning Province	781.74	26,850.74	162.49	9,189.81	126.96	7,612.83
Jilin Province	203.60	11,361.86	19.27	2,545.92	21.44	2,710.47
Heilongjiang Province	253.99	9,484.30	15.54	1,294.25	17.67	1,418.23
Shanghai	396.84	33,046.90	115.75	13,277.87	132.57	14,331.11
Jiangsu Province	1,272.58	161,458.99	382.12	30,751.42	401.24	34,589.87
Zhejiang Province	1,219.05	107,152.90	503.82	23,012.44	494.72	25,405.52
Anhui Province	322.67	31,883.98	61.86	4,247.11	67.64	4,963.25
Fujian Province	468.50	46,691.64	51.21	8,365.06	57.86	9,449.93
Jiangxi Province	264.36	39,135.80	27.12	3,455.70	34.32	4,241.71
Shandong Province	778.33	71,959.44	268.67	19,423.56	254.46	20,762.42
Henan Province	409.03	38,875.48	115.82	10,356.41	106.18	10,312.32
Hubei Province	397.54	44,018.17	72.73	7,211.57	77.94	7,596.03
Hunan Province	734.29	34,012.50	44.71	4,059.27	48.58	4,353.57
Guangdong Province	1,256.15	91,675.85	173.13	18,596.02	190.22	19,852.13
Guangxi Zhuang Autonomous Region	227.53	17,139.01	31.61	3,976.49	33.98	4,263.34
Hainan Province	64.67	3,299.87	4.49	454.63	5.21	624.51
Chongqing	271.01	28,920.62	46.77	4,918.24	52.04	4,933.42
Sichuan Province	1,052.90	48,899.08	74.69	6,603.34	85.72	7,171.44
Guizhou Province	195.18	22,282.98	16.51	1,803.34	18.31	1,932.69
Yunnan Province	255.85	17,473.92	11.04	1,941.52	14.33	2,158.66
Tibet Autonomous Region	49.82	2,189.18	0.20	47.53	0.17	43.42
Shaanxi Province	244.13	21,434.64	46.59	4,870.64	52.25	5,256.64
Gansu Province	186.80	9,042.16	13.14	1,118.92	14.19	1,177.20
Qinghai Province	73.58	3,380.26	1.98	341.58	2.68	360.73
Ningxia Hui Autonomous Region	78.84	4,118.16	6.46	571.30	5.62	539.66
Xinjiang Uygur Autonomous Region	281.13	12,504.83	34.06	3,179.33	34.35	3,390.88
Shenzhen	199.26	43,727.91	84.36	8,711.78	92.75	9,699.27
Total	13,678.00	1,126,490.92	2,664.86	222,612.55	2,738.25	239,876.17

Table 3-1 Number of Bankcards in Use (By Region)

Unit: 10,000 cards

Region	Number of Bankcards in Use	Among Them: Credit Cards
Beijing	31,505.22	4,086.06
Tianjin	11,996.14	1,096.17
Hebei Province	41,649.66	3,273.10
Shanxi Province	20,198.79	1,986.86
Inner Mongolia Autonomous Region	15,726.56	1,573.13
Liaoning Province	29,334.96	2,391.05
Jilin Province	14,150.68	1,165.11
Heilongjiang Province	18,831.76	1,315.03
Shanghai	24,545.42	3,261.73
Jiangsu Province	65,278.02	5,284.10
Zhejiang Province	50,151.11	5,216.72
Anhui Province	30,257.71	2,046.12
Fujian Province	27,497.34	3,256.91
Jiangxi Province	21,451.90	1,325.13
Shandong Province	69,129.59	5,523.36
Henan Province	54,386.79	4,182.72
Hubei Province	32,703.79	2,409.12
Hunan Province	34,868.47	2,125.29
Guangdong Province	72,991.19	7,478.01
Guangxi Zhuang Autonomous Region	23,406.28	1,807.23
Hainan Province	5,757.08	469.76
Chongqing	19,074.19	1,514.79
Sichuan Province	43,583.06	2,953.31
Guizhou Province	19,003.00	1,268.13
Yunnan Province	20,681.79	1,807.22
Tibet Autonomous Region	1,208.69	39.95
Shaanxi Province	24,511.19	1,890.92
Gansu Province	13,420.21	966.48
Qinghai Province	3,078.61	186.77
Ningxia Hui Autonomous Region	4,369.73	481.45
Xinjiang Uygur Autonomous Region	14,067.70	994.80
Shenzhen	65,861.20	6,442.66
Total	924,677.83	79,819.17

Table 3-2 Number of Bankcards in Use (By Issuer)

Bank	Ranking
China Construction Bank	1
Agricultural Bank of China	2
Industrial and Commercial Bank of China	3
Rural commercial banks	4
Postal Savings Bank of China	5
Urban commercial banks	6
Bank of China	7
Rural credit cooperatives	8
China Merchants Bank	9
Bank of Communications	10
Ping An Bank	11
China Minsheng Bank	12
Shanghai Pudong Development Bank	13
China CITIC Bank	14
China Everbright Bank	15
Industrial Bank Co., Ltd.	16
China Guangfa Bank	17
Banks in villages and towns	18
Huaxia Bank	19
Rural cooperative banks	20
China Zheshang Bank	21
Foreign banks	22
China Bohai Bank	23
Hengfeng Bank	24

Table 3-3 Bankcard Business Volume (By Region)

Unit: 10,000 accounts

Region	Number of Transactions	Transaction Amount
Beijing	1,406,703.81	433,241.34
Tianjin	403,930.78	115,117.23
Hebei Province	1,223,239.99	382,175.33
Shanxi Province	631,741.45	167,053.21
Inner Mongolia Autonomous Region	502,855.53	140,320.67
Liaoning Province	1,032,298.62	241,739.77
Jilin Province	490,413.96	116,477.62
Heilongjiang Province	605,465.49	140,840.22
Shanghai	1,113,422.73	476,377.50
Jiangsu Province	2,064,223.36	731,047.89
Zhejiang Province	2,306,872.90	1,178,336.49
Anhui Province	895,393.69	294,138.74
Fujian Province	1,261,662.07	468,571.35
Jiangxi Province	689,557.71	215,193.56
Shandong Province	2,140,826.08	715,263.01
Henan Province	1,462,975.76	426,444.49
Hubei Province	1,073,374.45	259,186.36
Hunan Province	1,147,456.39	282,576.79
Guangdong Province	3,416,589.15	829,355.63
Guangxi Zhuang Autonomous Region	972,677.24	172,599.53
Hainan Province	275,792.27	54,445.74
Chongqing	647,145.84	151,953.39
Sichuan Province	1,467,022.81	331,232.22
Guizhou Province	632,295.61	112,621.56
Yunnan Province	691,493.25	138,373.66
Tibet Autonomous Region	60,275.47	11,561.93
Shaanxi Province	792,085.18	179,836.59
Gansu Province	411,602.76	68,237.71
Qinghai Province	121,708.80	21,409.10
Ningxia Hui Autonomous Region	200,816.85	41,396.19
Xinjiang Uygur Autonomous Region	581,730.58	96,305.58
Shenzhen	12,178,517.59	1,027,578.42
Total	42,902,168.19	10,021,008.79

Table 4 Credit Transfer Business Volume (By Region)

Unit: 10,000 transactions; CNY 100 million

Region	Number of Transactions	Transaction Amount
Beijing	77,071.01	8,029,816.88
Tianjin	12,407.14	403,013.96
Hebei Province	25,225.53	423,764.91
Shanxi Province	13,090.00	348,383.13
Inner Mongolia Autonomous Region	10,866.05	178,668.13
Liaoning Province	30,033.46	391,040.91
Jilin Province	8,835.91	178,539.32
Heilongjiang Province	10,473.96	164,559.02
Shanghai	50,068.03	4,682,263.35
Jiangsu Province	76,684.54	2,390,179.66
Zhejiang Province	147,537.60	2,368,108.80
Anhui Province	23,197.62	457,212.86
Fujian Province	27,167.56	1,284,523.89
Jiangxi Province	18,372.49	387,216.10
Shandong Province	59,173.60	1,281,682.91
Henan Province	39,835.00	580,451.97
Hubei Province	22,745.51	492,120.61
Hunan Province	20,113.33	431,039.64
Guangdong Province	86,941.59	2,360,648.86
Guangxi Zhuang Autonomous Region	15,260.30	239,779.99
Hainan Province	6,986.58	82,092.57
Chongqing	23,822.47	405,522.16
Sichuan Province	47,620.19	744,383.98
Guizhou Province	11,553.32	222,444.58
Yunnan Province	13,264.38	210,141.61
Tibet Autonomous Region	1,020.73	17,538.12
Shaanxi Province	18,420.40	413,620.95
Gansu Province	6,253.97	109,799.07
Qinghai Province	2,144.19	33,232.56
Ningxia Hui Autonomous Region	3,327.72	45,671.70
Xinjiang Uygur Autonomous Region	10,720.21	223,984.13
Shenzhen	75,506.60	2,878,064.43
Total	995,740.97	32,459,510.77

Table 5-1 HVPS Business Volume (By Region)

Unit: 10,000 transactions; CNY 100 million

Region	Number of Transactions	Transaction Amount
Beijing	4,071.18	21,820,204.83
Tianjin	756.18	691,924.35
Hebei Province	1,280.88	540,042.65
Shanxi Province	879.99	409,914.53
Inner Mongolia Autonomous Region	502.70	221,004.11
Liaoning Province	1,363.37	620,355.70
Jilin Province	625.15	335,481.40
Heilongjiang Province	499.74	250,737.34
Shanghai	4,319.93	13,796,384.83
Jiangsu Province	5,900.63	2,664,653.59
Zhejiang Province	3,867.39	3,089,547.13
Anhui Province	2,671.34	670,443.75
Fujian Province	1,370.46	1,650,745.00
Jiangxi Province	916.18	607,153.66
Shandong Province	3,360.23	1,483,220.09
Henan Province	1,262.39	978,444.04
Hubei Province	1,390.90	585,009.05
Hunan Province	997.76	565,555.45
Guangdong Province	2,585.14	2,709,886.67
Guangxi Zhuang Autonomous Region	974.82	329,006.99
Hainan Province	183.91	72,413.40
Chongqing	775.55	630,478.01
Sichuan Province	1,999.31	928,310.49
Guizhou Province	851.16	378,204.28
Yunnan Province	689.52	229,729.60
Tibet Autonomous Region	45.31	15,996.23
Shaanxi Province	943.52	442,971.31
Gansu Province	402.10	190,031.36
Qinghai Province	122.05	32,030.07
Ningxia Hui Autonomous Region	184.37	69,043.05
Xinjiang Uygur Autonomous Region	527.65	196,525.28
Shenzhen	1,869.09	4,508,726.30
Total	48,189.88	61,714,174.53

Table 5-2 BEPS Business Volume (By Region)

Unit: 10,000 transactions; CNY 100 million

Region	Number of Transactions	Transaction Amount
Beijing	24,662.50	131,138.48
Tianjin	3,800.24	22,770.18
Hebei Province	16,427.91	60,927.67
Shanxi Province	7,732.35	29,585.56
Inner Mongolia Autonomous Region	4,110.66	19,964.94
Liaoning Province	6,820.07	28,923.74
Jilin Province	3,986.46	12,320.12
Heilongjiang Province	5,340.51	16,799.15
Shanghai	38,355.84	204,803.90
Jiangsu Province	27,215.99	137,948.28
Zhejiang Province	42,356.86	178,112.39
Anhui Province	8,328.70	33,032.89
Fujian Province	11,574.60	48,494.14
Jiangxi Province	7,688.26	30,758.26
Shandong Province	22,770.59	107,574.98
Henan Province	16,835.46	47,939.16
Hubei Province	9,106.70	40,680.09
Hunan Province	11,928.50	37,409.38
Guangdong Province	27,832.46	140,462.75
Guangxi Zhuang Autonomous Region	8,579.11	24,852.78
Hainan Province	2,898.61	7,185.39
Chongqing	7,342.99	30,269.18
Sichuan Province	19,568.99	49,264.48
Guizhou Province	3,444.01	16,480.86
Yunnan Province	6,350.27	24,199.00
Tibet Autonomous Region	429.96	2,194.82
Shaanxi Province	9,134.61	29,537.47
Gansu Province	3,487.72	12,248.24
Qinghai Province	1,116.20	4,105.87
Ningxia Hui Autonomous Region	1,504.48	5,596.59
Xinjiang Uygur Autonomous Region	4,998.92	21,252.02
Shenzhen	22,328.86	68,673.14
Total	388,059.40	1,625,505.91

Table 6-1 Registration and Depository of China Securities Depository and Clearing Corporation

Type of Securities under Registration and Depository	Number
A-shares	4,606
B-shares	90
Treasury bonds	615
Local government bonds	2,966
Policy-oriented financial debts	33
Enterprise bonds	2,073
Corporate bonds	11,206
Convertible bonds	411
Separated convertible bonds	0
SMEs private bonds	795
Closed-end funds	1
ETF	645
LOF	504
Monetary funds with real-time subscription and redemption	8
Real estate investment trusts (REITs)	11
Products of asset securitization	6,431
Total	30,395

Table 6-2 Business Data on Fixed Income Products of Shanghai Clearing House

Unit: CNY 100 million

	Number of Transactions in 2021	Transaction Amount in 2021
Bond issuance	40,807	321,749.53
Bond repayment	38,509	276,687.66
Bond clearing and settlement	2,263,829	2,848,894.78
Cash bond clearing and settlement	976,220	705,757.55
Repurchase clearing and settlement	1,238,404	2,113,474.03
Pledged repo	1,234,071	2,109,901.51
Outright repo	4,333	3,572.52
Bond distribution	45,191	27,025.67
Bond lending	4,014	2,637.53
Bond forward	0	0.00
Balance under custody at the end of period	32,282	289,998.88

Appendix 4 List of Payment Institutions

No.	Name	Date of First-Time Approval
1	Alipay (China) Network Technology Co., Ltd.	5/3/2011
2	China UnionPay Merchant Services Co., Ltd.	5/3/2011
3	Property & Credit Electronic Payment Co., Ltd.	5/3/2011
4	Tenpay Payment Technology Co., Ltd.	5/3/2011
5	Allinpay Network Services Co., Ltd.	5/3/2011
6	KLT Payment Service Co., Ltd.	5/3/2011
7	YeePay Co., Ltd.	5/3/2011
8	Kuaiqian Payment and Settlement Service Co., Ltd.	5/3/2011
9	PnR Data Service Co., Ltd.	5/3/2011
10	Shanghai Shengfutong Electronic Payment Service Co., Ltd.	5/3/2011
11	Beijing Qiandaibao Payment Technology Co., Ltd.	5/3/2011
12	Orient Electronic Payment Co., Ltd.	5/3/2011
13	Shenzhen KFTPay Technology Service Co., Ltd.	5/3/2011
14	Guangzhou UnionPay Network Payment Co., Ltd.	5/3/2011
15	Beijing Digital Wangfujing Technology Co., Ltd.	5/3/2011
16	Beijing UnionPay Merchant Services Co., Ltd.	5/3/2011
17	YuFu Payment Co., Ltd.	5/3/2011
18	Easy Pay Co., Ltd.	5/3/2011
19	Yinsheng E-Pay Co., Ltd.	5/3/2011
20	International Payment Solutions Co., Ltd.	5/3/2011
21	Chinabank Payments (Beijing) Technology Co., Ltd.	5/3/2011
22	New Pay Co., Ltd.	5/3/2011
23	Ping An Pay Electronic Payment Co., Ltd.	5/3/2011
24	Lakala Payment Co., Ltd.	5/3/2011
25	Shanghai FuFeiTong Information Service Co., Ltd.	5/3/2011
26	Ping An Pay Technology Service Co., Ltd.	5/3/2011
27	ChinaPay E-payment Service Co., Ltd.	8/29/2011
28	Lianlian Yintong Electronic Payment Co., Ltd.	8/29/2011
29	Union Mobile Financial Technology Co., Ltd.	8/29/2011
30	Chengdu Mobao Network Technology Co., Ltd.	8/29/2011

continued

No.	Name	Date of First-Time Approval
31	Jiefu Ruitong Co. Ltd.	8/29/2011
32	Zhenglian Pay Co., Ltd.	8/29/2011
33	Shanghai Day's Services Co., Ltd.	8/29/2011
34	Etone Financial Services Co., Ltd.	8/29/2011
35	Sichuan Business Easy Co., Ltd.	8/29/2011
36	Nanjing Citizen Card Co., Ltd.	8/29/2011
37	E-surfing Pay Co., Ltd.	12/22/2011
38	Unicompay Co., Ltd.	12/22/2011
39	China Mobile Group Electronic Commerce Co., Ltd.	12/22/2011
40	CandyPay Payment Service Co., Ltd.	12/22/2011
41	Tianjin Metropolitan Card Co., Ltd.	12/22/2011
42	Ruixiang Business Services Co., Ltd.	12/22/2011
43	Wuhan Jinyuanxin Corporate Service Information System Co., Ltd.	12/22/2011
44	Guangdong Yinjietong Electronic Payment and Settlement Co., Ltd.	12/22/2011
45	Modern Financial Holdings (Chengdu) Co., Ltd.	12/22/2011
46	GoPay Information Technology Co., Ltd.	12/22/2011
47	Chongqing Yijifu Technology Co., Ltd.	12/22/2011
48	Shanxi OCS Business Co., Ltd.	12/22/2011
49	Harbin Huatong Payment Network Technology Co., Ltd.	12/22/2011
50	Sum Payment Service Co., Ltd.	12/22/2011
51	Henan Huipay Information Technology Co., Ltd.	12/22/2011
52	Guizhou Join Pay E-commerce Service Co., Ltd.	12/22/2011
53	Dalian H&I Payment Co., Ltd.	12/22/2011
54	Ningbo UnionPay Merchant Services Co., Ltd.	12/22/2011
55	Chongqing FortuneBill Technology Service Co., Ltd.	12/22/2011
56	Shanghai E-banking Information Technology Co., Ltd.	12/22/2011
57	Easylink Payment Co., Ltd.	12/22/2011
58	Beijing HaiKeRongTong Payment Services Co., Ltd.	12/22/2011
59	CUC (Fujian) Payment Service Co., Ltd.	12/22/2011
60	Shenzhen Tengfutong Electronic Payment Technology Co., Ltd.	12/22/2011
61	Eastern Pay Information Technology Co., Ltd.	12/22/2011
62	PayEase Technology (Beijing) Co., Ltd.	12/22/2011
63	SF Hengtong Payment Co., Ltd.	12/22/2011

continued

No.	Name	Date of First–Time Approval
64	ePayLinks Technology Co., Ltd.	12/22/2011
65	Shenzhen UnionPay EPS Financial Service Co., Ltd.	12/22/2011
66	Shanghai UnsPay E–Payment Service Co., Ltd.	12/22/2011
67	Shenzhen UnionPay Financial Network Co., Ltd.	12/22/2011
68	Baofoo Internet Technology (Shanghai) Co., Ltd.	12/22/2011
69	FreeMyPay Co., Ltd.	12/22/2011
70	China Payment & Clearing Network Co., Ltd.	12/22/2011
71	Shanghai Fuiou Payment Service Co., Ltd.	12/22/2011
72	AnYiLianRong E–commerce Co., Ltd.	12/22/2011
73	Beijing Ainongyizhan Technology Service Co., Ltd.	12/22/2011
74	United BTG Purchasing & E–commerce Co., Ltd.	12/22/2011
75	Beijing Joiest E–payment Service Co., Ltd.	12/22/2011
76	Shanghai City Tour Card Development Co., Ltd.	12/22/2011
77	Beijing Municipal Administration & Communication Card Co., Ltd.	12/22/2011
78	Beijing Yacol Information–sharing Technology Co., Ltd.	12/22/2011
79	Beijing Zhongtoukexin Electronic Commerce Co., Ltd.	12/22/2011
80	Shanghai Shanglianxin E–payment Service Co., Ltd.	12/22/2011
81	Safe Pass Business Company Co., Ltd.	12/22/2011
82	Shanghai New Star Technology Co., Ltd.	12/22/2011
83	Shanghai Dazhong Transportation Commerce Co., Ltd.	12/22/2011
84	Sandpay Network Service Co., Ltd.	12/22/2011
85	Kayou Payment Service Co., Ltd.	6/27/2012
86	Ecpss Co., Ltd.	6/27/2012
87	Shanghai Handpay Information Technology Co., Ltd.	6/27/2012
88	China TV Pay Information Technology Co., Ltd.	6/27/2012
89	Shanghai Dongfang Huirong Information Technology Services Co., Ltd.	6/27/2012
90	Tianjin Reapal Network Co., Ltd.	6/27/2012
91	Nanjing Suning Payment Technology Co., Ltd.	6/27/2012
92	Shuangqian Online Payment Co., Ltd.	6/27/2012
93	Shandong E–business Comprehensive Operations and Management Co., Ltd.	6/27/2012
94	Shenzhen Mideaepay Technology Co., Ltd.	6/27/2012
95	JLPay Co., Ltd.	6/27/2012
96	DDBill Payment Co., Ltd.	6/27/2012

continued

No.	Name	Date of First–Time Approval
97	Beijing DidiPay Technology Co., Ltd.	6/27/2012
98	Beijing Sumavision Payment Technology Co., Ltd.	6/27/2012
99	Beijing Huiyuanyintong Online Payment Technology Co., Ltd.	6/27/2012
100	VBill Payment Co., Ltd.	6/27/2012
101	Wangyibao Co., Ltd.	6/27/2012
102	Zhejiang Vipshop Payment Services Co., Ltd.	6/27/2012
103	Zhejiang Aviation Electronic Information Industrial Co., Ltd.	6/27/2012
104	Zhejiang Yoyi Electronic Payment Co., Ltd.	6/27/2012
105	Fujian Guotong Xingyi Network Technology Co., Ltd.	6/27/2012
106	JP Global Pay Co., Ltd.	6/27/2012
107	Guangxi Hengda Wantong Payment Co., Ltd.	6/27/2012
108	Xinjiang Runwu Network Co., Ltd.	6/27/2012
109	Shandong Wangshangyouming Network Technology Co., Ltd.	6/27/2012
110	Shanghai Shenxin Electronic Payment Co., Ltd.	6/27/2012
111	Shanghai Orientpay Co., Ltd.	6/27/2012
112	Shanghai Xinhua Media E–Commerce Co., Ltd.	6/27/2012
113	Shanghai Commercial High Tech Development Co., Ltd.	6/27/2012
114	Shanghai Leyi Information Technology Co., Ltd.	6/27/2012
115	Shanghai KHC Electronic Payment Service Co., Ltd.	6/27/2012
116	China Steel Payment Solutions Co., Ltd.	6/27/2012
117	Shanghai Runtong Industrial Investment Co., Ltd.	6/27/2012
118	Shanghai Jinguo 365 Enterprise Services Co., Ltd.	6/27/2012
119	Shanghai Red Enterprise Service Co., Ltd.	6/27/2012
120	Jiangsu Aixin Consumption Management Co., Ltd.	6/27/2012
121	Jiangsu Popular Bookmall Business Co., Ltd.	6/27/2012
122	Nanjing Wans Business Service Co., Ltd.	6/27/2012
123	Jiangsu Hongxingda Postal Business Information Co., Ltd.	6/27/2012
124	Jiangsu Travel General Business Co., Ltd.	6/27/2012
125	Wuxi Citizen Card Co., Ltd.	6/27/2012
126	Suzhou Citizen Card Co., Ltd.	6/27/2012
127	UNION City SD E–CARD Pay Co., Ltd.	6/27/2012
128	Chengdu Tianfu Tong Financial Services Co., Ltd.	6/27/2012
129	Express Pay Co., Ltd.	6/27/2012

continued

No.	Name	Date of First-Time Approval
130	China Payment Technology Co., Ltd.	6/27/2012
131	Shenzhen BIZ Links Electronic Technology Co., Ltd.	6/27/2012
132	Shaanxi Easy Pass Network Payment Technology Co., Ltd.	6/27/2012
133	Shaanxi Postal Services Xiyouji Electronic Payment Co., Ltd.	6/27/2012
134	Beijing Hengxintong Telecommunications Service Co., Ltd.	6/27/2012
135	Beijing HRT Payment Technology Co., Ltd.	6/27/2012
136	AllScore Payment Service Co., Ltd.	6/27/2012
137	Beijing YinboShengshi E-commerce Co., Ltd.	6/27/2012
138	Beijing Yintong Payment Co., Ltd.	6/27/2012
139	Beijing Huaruifuda Technology Co., Ltd.	6/27/2012
140	Beijing Gaohuitong Commercial Management Co., Ltd.	6/27/2012
141	Yinxinlian (Beijing) Payment Co., Ltd.	6/27/2012
142	Beijing Guangjufu Payment Co., Ltd.	6/27/2012
143	Beijing Shangyin Technology Co., Ltd.	6/27/2012
144	CITS (Beijing) Information Technology Co., Ltd.	6/27/2012
145	Chongqing Payeasy Card Co., Ltd.	6/27/2012
146	Chongqing Public City E-card Co., Ltd.	6/27/2012
147	Chongqing Qianli Technology Co., Ltd.	6/27/2012
148	Shanxi Yilian Payment Data Processing Co., Ltd.	6/27/2012
149	Jilin Tongka Payment Co., Ltd.	6/27/2012
150	Zhoushan Mingsheng Shangmeng Technology Service Co., Ltd.	6/27/2012
151	Zhejiang Intopay Information Technology Co., Ltd.	6/27/2012
152	Fujian Yikatong Network Co., Ltd.	6/27/2012
153	Fujian Zhangcaitong Payment Service Co., Ltd.	6/27/2012
154	Fujian Red Pass Co., Ltd.	6/27/2012
155	Xiamen Xiangyu Payment Co., Ltd.	6/27/2012
156	Anhui Wastone Goldcard Circulation Information Technology Co., Ltd.	6/27/2012
157	Anhui SDTK Information Technology Co., Ltd.	6/27/2012
158	Jiangxi Jiaofeitong Information Technology Co., Ltd.	6/27/2012
159	Hunan Xiaoxiang Payment Co., Ltd.	6/27/2012
160	Guangxi Unipay Business Service Co., Ltd.	6/27/2012
161	Kunming Kahuka Payment Technology Co., Ltd.	6/27/2012
162	Yunnan Neoby Payment Management Co., Ltd.	6/27/2012

continued

No.	Name	Date of First-Time Approval
163	Lanzhou Yijia Wantong Enterprise Service Co., Ltd.	6/27/2012
164	Qingdao Bestone Payment Co., Ltd.	6/27/2012
165	Qingdao Buytoppay Payment Service Co., Ltd.	7/20/2012
166	Guangdong Hi-card Business Service Co., Ltd.	1/6/2013
167	Cnepay Technology Co., Ltd.	1/6/2013
168	Liaoning Newsky Digital Technology Co., Ltd.	1/6/2013
169	Jiangsu Feiyin Business Intelligence Technology Co., Ltd.	1/6/2013
170	Shandong Hi-Speed Xinlian Technology Co., Ltd.	1/6/2013
171	Gongxiao Zhongbai Payment Co., Ltd.	1/6/2013
172	Chengdu Payexpress New Information Technology Service Co., Ltd.	1/6/2013
173	Shaanxi Coal Trading Center Co., Ltd.	1/6/2013
174	Beijing Yake Technology Development Co., Ltd.	1/6/2013
175	Hebei Beirenjitong Payment Service Co., Ltd.	1/6/2013
176	Hangzhou Citizen Card Co., Ltd.	1/6/2013
177	Zhengzhou Jianye Service Co., Ltd.	1/6/2013
178	Guizhou GuijinPay Network Service Co., Ltd.	1/6/2013
179	Shandong Yinli Payment Service Co., Ltd.	1/6/2013
180	Shanghai Springpay Service Co., Ltd.	1/6/2013
181	Jiangsu DHA Pay Business Service Co., Ltd.	1/6/2013
182	Jiangsu Jinxi Smart Card Management Co., Ltd.	1/6/2013
183	Bailian Youli (Beijing) Investment Co., Ltd.	1/6/2013
184	EBC Payment Co., Ltd.	1/6/2013
185	Hecard Payment	1/6/2013
186	CITIC Hengda Payment Co., Ltd.	1/6/2013
187	Xiamen Xiashang Electronic Commerce Co., Ltd.	7/6/2013
188	Yunnan Yintong Payment Management Co., Ltd.	7/6/2013
189	Beijing Duxiaoman Payment Technology Co., Ltd.	7/6/2013
190	Beijing Stars Valley Information Technology Co., Ltd.	7/6/2013
191	Broad Pay Ltd.	7/6/2013
192	Hangzhou TC Club Comprehensive Service Co., Ltd.	7/6/2013
193	Shanghai Sodexo Pass Service, Ltd.	7/6/2013
194	Yulin Yuanheng Business Management Co., Ltd.	7/6/2013
195	Fujian Yintong Business Service Co., Ltd.	7/6/2013

continued

No.	Name	Date of First-Time Approval
196	Shengya Yunding Payment Co., Ltd.	7/6/2013
197	Guangdong Xinhui Co., Ltd.	7/6/2013
198	Jieyifu Technology Co., Ltd.	7/6/2013
199	Beijing Sina Payment Technology Co., Ltd.	7/6/2013
200	Hunan Yinhe Jingu Business Service Co., Ltd.	7/6/2013
201	Wuhan City Smart Card Co., Ltd.	7/6/2013
202	Kuaijietong Payment Service Co., Ltd.	7/6/2013
203	UCF Pay Co., Ltd.	7/6/2013
204	Huiming Business Service Co., Ltd.	7/6/2013
205	Xi'an Chang'an Card Payment Co., Ltd.	7/10/2014
206	Shandong Yunda E-commerce Co., Ltd.	7/10/2014
207	Shenzhen RYX Infotech Co., Ltd.	7/10/2014
208	Chongqing Lianfutong Network Settlement Technology Co., Ltd.	7/10/2014
209	Wuhan Hezhong Yibao Technology Co., Ltd.	7/10/2014
210	Guangzhou Shangwutong Network Technology Co., Ltd.	7/10/2014
211	Guangzhou Joinpay Electronic Technology Co., Ltd.	7/10/2014
212	Guangzhou Helipay Technology Co., Ltd.	7/10/2014
213	Minpayment Technology Co., Ltd.	7/10/2014
214	Leshua Technology Co., Ltd.	7/10/2014
215	Shenzhen Sharelink Network Co., Ltd.	7/10/2014
216	JYTPay Network Co., Ltd.	7/10/2014
217	BangFuBao Payment Technology Co., Ltd.	7/10/2014
218	Shandong Feiyin Intelligent Technology Co., Ltd.	7/10/2014
219	Beijing eHomepay Payment Technology Co., Ltd.	7/10/2014
220	Beijing Chanjet Payment Technology Co., Ltd.	7/10/2014
221	Guangdong Shengdijia e-Commerce Co., Ltd.	7/10/2014
222	Guangdong Yuetongbao Electronic Commerce Co., Ltd.	3/26/2015
223	Transfar Pay Co., Ltd.	12/8/2015

Note: In 2021, nine payment institutions withdrew from the payment services market. No new license was approved. The total number of payment institutions decreased from 232 to 223.

Appendix 5 List of Regulations and Normative Documents Abolished in 2021

No.	Name	Document No.
1	*Measures for the Custody of Clients' Reserves of Payment Institutions*	Announcement No. 6 〔2013〕 of the People's Bank of China